MUSSOLINI ET L'ITALIE FASCISTE

Photo de couverture :
Octobre 1932 :
Mussolini inaugure la *via dei Fori imperiali*

Edition originale et mise en page
Gianluca Formichi

Responsable éditorial
Martine Prosper
Conception graphique
Bernard Van Geet

Sources des documents photographiques
Archives Giunti/DR

N° 15102
ISBN 2-203-61002-6
Dépôt légal : mars 1993 ; D. 1993/0053/8

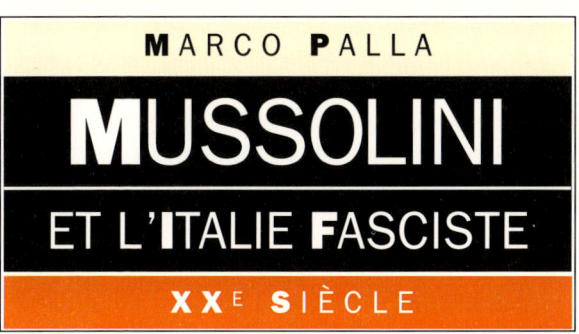

MARCO PALLA

MUSSOLINI

ET L'ITALIE FASCISTE

XXᴱ SIÈCLE

Traduction
François Massoulié

casterman ∎ GIUNTI

Chapitre 1

L'AVÈNEMENT
DU FASCISME

À L'AUTOMNE 1914, MUSSOLINI ROMPT AVEC SON PASSÉ SOCIA-
LISTE ET PRÔNE L'ENTRÉE EN GUERRE DE L'ITALIE. CINQ ANS PLUS
TARD, IL FONDE LES FAISCEAUX DE COMBAT ; C'EST LE DÉBUT D'UNE
MARCHE QUI VA LE MENER JUSQU'À ROME...

S'il a franchi avec des fortunes diverses les frontières de la péninsule, le fascisme est d'abord un phénomène spécifiquement italien ; il plonge ses racines dans l'histoire d'un pays tardivement unifié — comme d'ailleurs l'Allemagne —, au XIXᵉ siècle : la première unification, réalisée autour du royaume du Piémont et de la couronne de Savoie, date des années 1859-1861. Venise et la Vénétie ne rejoignent le jeune royaume d'Italie qu'en 1866, Rome et les Etats du pape en 1870, Trente et Trieste en 1918. L'industrialisation et la modernisation du pays sont encore plus lentes. Elles se heurtent à la formidable inertie des déséquilibres régionaux, dont la question du *mezzogiorno* n'est que la plus spectaculaire manifestation ; outre le fossé qui sépare les villes des campagnes où l'analphabétisme règne en maître, la langue nationale ne connaît qu'une diffusion limitée et ne gagne que difficilement sur les parlers régionaux.

L'unité politique est certainement l'un des événements majeurs de toute l'histoire italienne. Toutefois, elle n'en constitue pas moins un fait contradictoire et complexe, résultant d'un concours de circonstances très diverses. Le calcul diplomatique de Cavour, qui engage le Piémont dans la guerre de 1859 contre l'Autriche, va réussir grâce à l'alliance décisive avec la France (Napoléon III obtient en échange Nice et la Savoie). D'autres initiatives politiques en provenance des milieux libéraux et démocrates permettront de rattacher au Piémont certaines parties de l'Italie centrale.

En 1920, dans les rues de Milan, Mussolini à la tête d'une manifestation de ses Faisceaux de combat. Ce mouvement, fondé l'année précédente, s'apprête à devenir le plus important parti de masse de l'histoire italienne.

*Vers 1890, scène de chasse
à courre dans la campagne
romaine, vue par Giuseppe
Primoli, l'un des pionniers
de la photographie en Italie.
Si la classe dirigeante italienne
calque ses goûts sur ceux
de l'aristocratie européenne,
le jeune royaume d'Italie paie,
lui, le prix économique de
l'unification récente, sur fond
de déséquilibres géographiques
et sociaux bien plus anciens.*

L'insurrection des forces les plus radicales culmine
avec l'expédition des Mille, dirigée par Garibaldi, qui,
en 1860, libère la Sicile et l'Italie méridionale de la
domination des Bourbons de Naples. La prédominan-
ce finale de l'option piémontaise et modérée sur
l'action démocratique et populaire est révélée par le
fait que le *premier* roi d'Italie conserve le nom dynas-
tique de la maison de Savoie, Victor-Emmanuel II.

La faillite de l'oligarchie libérale

L'unification politique de la péninsule ne s'accompagne pas d'une intégration économique et sociale com-
parable. L'analphabétisme (74 % en 1861) et l'étroi-
tesse du suffrage censitaire réduisent la vie politique
aux cercles libéraux des héritiers de Cavour, dont
l'obsession unitaire donne naissance à un système
administratif fortement centralisé.

L'Etat monarchique et constitutionnel est certes régi
par le Statut octroyé par Charles-Albert à son royaume
de Piémont-Sardaigne en 1848, mais la vocation démocratique du régime est étouffée par la rigidité du cadre

paternaliste et autoritaire de l'Italie unitaire. Au moment de l'Unité, seuls 2 % des citoyens sont électeurs. Les extensions timides des années 1880 et 1890 permettront néanmoins d'aboutir à l'instauration du suffrage universel masculin en 1913 et à l'adoption de la représentation proportionnelle en 1919 ; cette évolution témoigne de la popularité des pressions exercées par les forces démocratiques, socialistes et catholiques, forces nouvelles qui étaient restées jusqu'alors confinées aux marges du système politique.

Au tournant du siècle, l'Italie a perdu plusieurs centaines de milliers d'émigrants par an, poussés par la misère vers les Amériques. L'Etat répugne à promouvoir des réformes sociales, notamment agraires, qui auraient permis d'inverser cette tendance ; quant aux premières entreprises coloniales, depuis la tentative malheureuse en Ethiopie en 1896 — la sévère défaite des troupes italiennes à Adoua aboutit à la reconnaissance de son indépendance et met fin aux tentatives d'expansion de l'Italie — jusqu'à la conquête de la Libye et des îles du Dodécanèse en 1912, elles seront

A la fin du siècle dernier, un groupe d'émigrants attend sur le port de Naples son embarquement pour les Amériques. Au tournant du siècle, des centaines de milliers d'Italiens franchissent chaque année l'Atlantique dans l'espoir de trouver des conditions de vie meilleures.

En 1922, à la veille de l'arrivée au pouvoir de Mussolini, l'ancien président du Conseil Giovanni Giolitti profite des derniers beaux jours sur une plage d'Ostie. Giolitti, qui avait dominé la scène italienne d'avant-guerre, est la figure de proue de cette classe politique libérale qui va tenter de composer avec le fascisme. A droite. Entre Adige et lac de Garde, vue d'une tranchée italienne durant la Première Guerre mondiale.

bien en peine de fournir aux paysans italiens les terres que la propagande impérialiste ne se lasse pas de leur promettre.

L'"ère de Giolitti" (le président du Conseil libéral qui domine la vie politique de 1900 à 1914) s'est efforcée de jeter des ponts entre les forces de renouveau et l'esprit conservateur dominant ; pourtant, avec le recul, il apparaît que ces tentatives de médiation dressent à bien des égards un constat de faillite du vieux système libéral : elles ne permettent de résoudre aucun des problèmes de fond qui paralysent l'Italie.

Car en 1915, les oligarchies politiques ont précipité un pays encore fragile et mal préparé dans la "Grande Guerre". L'Italie en sortira amoindrie sur le triple plan démographique, économique et social, et le pays s'avérera incapable de surmonter une crise politique qui va en s'aggravant.

Cet échec explique en partie l'avènement du fascisme dans l'immédiat après-guerre : celui-ci représente en effet une solution particulière à la crise italienne, une rupture avec ce processus ambigu, tardif et fragile de démocratisation. A cet égard, le fascisme apparaît comme une réaction moderne, qui va au-delà d'une simple restauration de l'ordre ancien.

En 1915,

les oligarchies politiques ont précipité un pays encore fragile et mal préparé dans la Grande Guerre. L'Italie, qui sort amoindrie du conflit sur le plan démographique, économique et social, ne pourra surmonter une crise politique qui va en s'aggravant.

Mussolini, du socialisme au fascisme

Mussolini est le fondateur du "fascisme", un terme qui, par sa notoriété même, échappe à toute définition précise : il en est venu à désigner toutes sortes de mouvements autoritaires, orientés à droite et adeptes de la violence politique. De nos jours, "fasciste" a pris une connotation injurieuse. De fait, cette notion ambiguë est susceptible de transformations et de travestissements divers : ce néologisme ne souffre pas de définition univoque ou définitive.

Les premiers "Faisceaux" se voulaient un groupement de forces hétérogènes unies autour d'un même dessein. Mais lequel ? La rhétorique lancinante sur la supériorité de la civilisation latine et la référence aux faisceaux licteurs — symboles de l'autorité politique dans l'antique Rome républicaine —, que le fascisme des années trente développera à outrance, ne doit pas nous induire en erreur : le mot "fascisme" n'a pas de contenu propre.

Mussolini en 1919, entouré de fondateurs des Faisceaux de combat, cette nouvelle formation à laquelle l'ex-socialiste lie désormais son destin politique.

"Nous n'avons pas de doctrine toute faite, notre doctrine est le fait", s'exclame bientôt son fondateur.

Les "Faisceaux" dont Mussolini se réclame en 1919 sont apparus à la fin du XIXᵉ siècle pour désigner, notamment en Sicile, les premières ébauches de syndicats ouvriers. L'orientation idéologique du terme connaît un changement de cap brutal à la veille de la Première Guerre mondiale, lorsque les Faisceaux acquièrent une connotation franchement nationaliste ; le Faisceau parlementaire de 1914, le Faisceau de défense nationale constitué après la défaite de Caporetto sur le front autrichien en 1917, ou encore les Faisceaux futuristes de 1918 en témoignent. Cette évolution, du socialisme au nationalisme, restitue bien la trajectoire personnelle de Mussolini et de ses premiers collaborateurs, à la mesure du revirement opéré par une partie du monde politique et de l'intelligentsia européenne au tournant du siècle.

Benito Mussolini s'était tout d'abord fait connaître en tant qu'agitateur révolutionnaire et partisan des thèses maximalistes — la grève générale contre la guerre — qui s'emparent de la majorité du Parti socialiste quelques années avant la Grande Guerre. Mais à l'automne 1914, Mussolini tourne casaque, à tel point que ses positions en faveur d'une intervention de l'Italie dans la guerre provoquent son expulsion du parti. Dès novembre 1914, soutenu par quelques industriels sympathisants et sans doute financé par des capitaux français, l'ancien dirigeant de l'*Avanti !* fonde à Milan son propre quotidien ; d'emblée, le *Popolo d'Italia* se distingue par la vigueur de sa propagande belliciste. Mussolini sera au premier rang des manifestants du "mai radieux" de 1915 qui précipite l'entrée en guerre du pays aux côtés des forces de l'Entente. Volontaire dans le corps des bersagliers, il est blessé au cours d'un exercice et rendu à la vie civile en 1917.

En 1914, Mussolini, âgé de trente et un ans, est encore directeur du quotidien socialiste l'Avanti ! Mais la rupture avec son passé internationaliste et pacifiste est imminente.

La naissance des Faisceaux de combat

En mars 1919, dans un local prêté par le Cercle milanais des intérêts industriels et commerciaux, en présence d'une poignée de sympathisants, Mussolini fonde les *Fasci di combattimento*. Pour son dirigeant, le

MUSSOLINI AVANT MUSSOLINI

Benito Mussolini est né en 1883 à Dovia, un petit village de la province de Forlì, en Romagne. Son père, Alessandro, est un forgeron qui cultive des penchants anarchistes ; sa mère, Rosa Maltoni, une institutrice dévote. La volonté maternelle se manifeste dans la décision de faire baptiser l'enfant malgré l'opposition de son mari ; quant au forgeron, il prend sa revanche en prénommant son fils Benito, en hommage au révolutionnaire mexicain Juarez (1806-1872). Son diplôme d'instituteur en poche, le jeune homme s'exile en Suisse où, entre 1902 et 1904, il exerce divers petits métiers, apprend le français et l'allemand et fréquente les cercles socialistes. De retour en Italie, Benito Mussolini creuse peu à peu son chemin au sein du mouvement socialiste où il se fait remarquer pour ses talents de journaliste et d'orateur autant que d'agitateur et de théoricien de l'action directe.

Il dirige plusieurs feuilles socialistes dans la province du Trentin, alors sous domination autrichienne, avant d'en être expulsé par les autorités pour activités subversives. Ténor de l'aile maximaliste du parti socialiste, il s'oppose en 1911 à l'entreprise coloniale en Libye et provoque l'expulsion des réformistes du parti. En 1912, il est nommé directeur de l'*Avanti !*, le quotidien officiel du PSI, où il exercera ces fonctions pendant deux ans. C'est au début de l'automne 1914 que Mussolini se convertit aux thèses interventionnistes et jette aux orties son passé internationaliste. ■

Lors des élections de 1919, les Faisceaux de combat présentent pour la première fois une liste à Milan. L'initiative politique de Mussolini n'est guère couronnée de succès : à peine 4 000 voix.

nom de ces Faisceaux de combat "tient lieu à lui seul de programme". Quant au programme officiel, il ne sera publié qu'en juin 1919.

Il contient une série de revendications commune aux différents partis de gauche : suffrage universel étendu aux femmes, représentation proportionnelle, abolition d'un Sénat dont les membres sont nommés par faveur royale, journée de travail de huit heures, imposition extraordinaire et progressive du capital. En même temps apparaissent des revendications plus spécifiques telles que la constitution d'une milice nationale aux côtés de l'armée, ou encore d'une politique étrangère à même de "valoriser la nation italienne dans le monde".

Mais aucun manifeste ne saurait définir le fascisme mieux que les actions qu'il entreprend. En janvier 1919, associé à des groupes d'intellectuels futuristes et à quelques *arditi* — les anciennes troupes d'élite spécialisées dans les coups de main derrière les lignes autrichiennes —, Mussolini empêche par la force la tenue d'une réunion organisée par Leonida Bissolati ;

cet ancien socialiste, ministre durant la guerre, est accusé d'avoir mené une politique extérieure "de renoncement" ; quelques mois plus tard, fascistes, futuristes et *arditi* attaquent et dévastent le siège de l'*Avanti!*, l'ancien journal socialiste de Mussolini.

En 1919, l'Italie, qui a payé un lourd tribut au conflit mondial — plus de 600 000 morts — entend être récompensée de ses sacrifices par des compensations territoriales. Mais la Dalmatie (sur la côte est de l'Adriatique), qui lui avait été promise par le traité secret de Londres en 1915, est attribuée au nouveau royaume de Yougoslavie.

Tandis que le Premier ministre Vittorio Emanuele Orlando dénonce la "victoire mutilée" et claque la porte de la Conférence de Versailles, le poète Gabriele d'Annunzio, héros de la Première Guerre mondiale, prend la tête de ses légions de corps francs et s'empare du port de Fiume, le 12 septembre 1919 : il y proclame la régence italienne et occupe la ville pendant un an. La "geste" nationaliste de ces *arditi* connaît un grand retentissement.

En 1919, un groupe de fascistes dévaste le siège milanais de l'Avanti! En dépit d'un programme ambigu, les Faisceaux de combat dévoilent rapidement leur vrai visage.

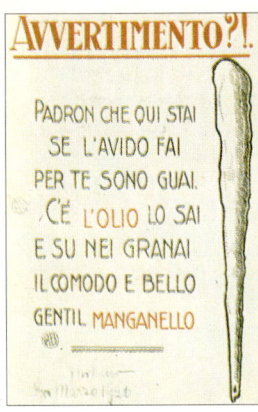

AVVERTIMENTO?!

PADRON CHE QUI STAI
SE L'AVIDO FAI
PER TE SONO GUAI.
C'È L'OLIO LO SAI
E SU NEI GRANAI
IL COMODO E BELLO
GENTIL MANGANELLO

"Avertissement ?! Toi le patron qui fais l'mariolle, il risque de t'arriver des bricoles.
Car si tu fais par trop l'radin, tu vas te fourrer dans l'pétrin ; et tu l'sais bien ce qui t'attend : de l'huile de ricin dans l'gosier et un coup d'gourdin par-dessus l'marché."
Les premiers manifestes fascistes s'en prennent verbalement aux "accapareurs" ; dans les campagnes, la violence fasciste s'exerce en réalité contre les Maisons du peuple et les ligues paysannes.

Dans le même temps, les grands centres industriels, bastions des courants arnacho-syndicalistes et socialistes opposés à l'entrée en guerre, sont secoués par une importante vague révolutionnaire, attisée par l'exemple victorieux de la Russie des soviets. Le mouvement gagne encore les campagnes où les paysans sans terre s'en prennent aux latifundiaires. Face aux occupations d'usines et de terres, le gouvernement temporise et semble débordé.

C'est dans ce climat d'instabilité générale que le mouvement fasciste va faire ses premiers pas, un fascisme placé d'emblée sous le signe de la violence et de l'opportunisme.

Pourtant, le mouvement ne réussit pas à prendre son essor. Lors des élections générales de novembre 1919, seul le *Fascio* de Milan présente sa liste : elle n'obtient que quatre mille voix, un chiffre dérisoire si on le compare aux cent soixante-dix mille suffrages des socialistes et aux soixante-quatorze mille recueillis par les catholiques populaires. Sur l'ensemble de la péninsule, on ne compte que trente et un faisceaux, qui regroupent en tout et pour tout huit cent soixante-dix membres ; dans plusieurs villes, le *Fascio* local se confond avec son unique militant...

Le fascisme gagne les campagnes

Parvenu au pouvoir, le fascisme cherchera fébrilement à dépeindre ses débuts obscurs sous les traits les plus nobles ; il aimera à se définir comme le point d'orgue d'un mouvement qui parcourt l'ensemble de l'histoire italienne et exprime la quintessence de sa civilisation. En réalité, le fascisme trouve ses origines dans les années de la guerre et de l'immédiat après-guerre. Violence, vandalisme, exaltation des valeurs et des mythes "régénérateurs" de la guerre n'ont pourtant pas permis à Mussolini de se créer un espace politique significatif durant les "années rouges" de 1919-1920. Ce n'est qu'à la fin de l'année 1920 que le fascisme commence à s'imposer comme un mouvement de masse. La conjoncture se révélera déterminante : le reflux de la marée révolutionnaire et les premiers signes de la stabilisation économique préludent à l'expansion fasciste. Le mouvement connaît alors une première transformation de son assise.

Jusqu'alors, les Faisceaux n'avaient réussi à s'implanter qu'à Trieste — à deux pas de Fiume, Trieste est le symbole des revendications nationalistes d'avant la Première Guerre mondiale — et à Milan ; de manière générale, les sections fascistes ne s'étaient constituées

Un escadron fasciste engagé contre les "rouges" en 1920. Violence et brigandage, tels sont les deux traits caractéristiques du fascisme de cette époque.

qu'en milieu urbain, seul lieu propice au débat et aux activités politiques. Ses membres, qui avaient tout loisir de conserver leur affiliation à d'autres partis ou aux loges franc-maçonnes, trouvaient là l'occasion de partager leurs souvenirs de guerre ; ils étaient le plus souvent issus du camp démocratique ou socialiste et, en définitive, ne se différenciaient guère des milieux hétérogènes de la petite-bourgeoisie. A l'occasion des élections administratives de 1920, les candidats fascistes sont incorporés dans les listes du "bloc national" constitué par les libéraux pour contrer la poussée électorale des socialistes et des catholiques.

La lutte violente engagée contre les municipalités et les administrations provinciales socialistes constitue dès lors un terrain privilégié d'expression d'un fascisme qui essaime depuis les centres urbains : les *squadre*, ses escouades armées, vont à la rencontre de l'ennemi, où qu'il se trouve. Si la direction du mouvement

IL POPOLO D'ITALIA, DE 1914 À 1943

Le quotidien fondé et dirigé par Mussolini à partir de 1914 sera l'un des principaux instruments de sa conversion réussie du socialisme au fascisme. Le lancement extrêmement rapide de ce nouveau titre, quelques semaines seulement après son départ de l'*Avanti !*, alimente les rumeurs et les insinuations. Pourtant, si Mussolini a bénéficié dans sa campagne antipacifiste et antineutraliste de subsides français et du financement de grands industriels de l'armement, sa volte-face politique ne saurait s'expliquer par de simples considérations matérielles. Comme son titre l'indique, *Il Popolo d'Italia* joue d'une double fibre populiste et nationaliste ; son premier sous-titre de "quotidien socialiste" sera rapidement abandonné au profit du plus ambigu mais néanmoins révélateur "quotidien des combattants et producteurs". Grâce à son journal milanais, Benito Mussolini jouit désormais d'une certaine crédibilité politique. Malgré un tirage modeste, *Il Popolo d'Italia* constitue la rampe de lancement de sa carrière nationale : c'est un instrument précieux de propagande, à une époque où les journaux sont le seul moyen de communication de masse. De 1922 à 1943, si le quotidien devient la voix officieuse du régime mussolinien, il reste néanmoins la seule propriété de son fondateur qui associe à la direction son frère Arnaldo puis, après la mort de ce dernier en 1931, son neveu Vito. ∎

reste à dominante urbaine, celui-ci diffuse depuis les petites agglomérations vers ses périphéries rurales. Pour la première fois, des associations agraires forment leurs propres escouades fascistes à Alessandria, Pavie, Arezzo, etc. Les actions de terreur s'étendent à toute la plaine du Pô, à l'Emilie-Romagne, à la Toscane et, surtout, dans l'Italie méridionale où se distinguent par leur férocité les fameuses escouades des Pouilles. La direction politique de Mussolini est alors contestée, voire tout simplement ignorée, par cette offensive désordonnée du squadrisme agraire, dont les cibles privilégiées sont les ligues de paysans et les syndicats "rouges".

La tradition de l'interventionnisme de gauche qui avait constitué la matrice du premier fascisme milanais est totalement dépassée par les événements. La figure dominante de cette période est le chef militaire local, appelé *ras* à l'instar des anciens dignitaires d'Abyssinie... C'est ainsi qu'émergent de futurs hiérarques du fascisme tels que Roberto Farinacci à Crémone, Italo Balbo à Ferrare, Renato Ricci à Carrare. Durant la seule année 1921, le nombre des militants fascistes a plus que décuplé pour atteindre et dépasser les 200 000 membres. Le mouvement armé a réussi à se rendre maître de villes et de provinces entières.

Un meeting de Mussolini en 1920. Son autorité politique est alors contestée par des ras *comme Italo Balbo ou Roberto Farinacci, des chefs locaux qui mènent leurs actions sans en référer à Mussolini.*

L'entrée au parlement (1921)

Ces succès, qui surprennent même les *ras* les plus optimistes, ne peuvent s'expliquer par la seule supériorité d'une tactique militaire éprouvée sur des adversaires désarmés, non plus que par le reflux du syndicalisme ouvrier et paysan.

En revanche, l'attitude bienveillante, et souvent complice, des autorités de l'Etat à l'égard des fascistes s'est avérée décisive ; tandis que les magistrats font preuve d'une grande mansuétude envers les squadristes, l'armée et la police leur fournissent des armes en secret ; les préfets les protègent, allant parfois jusqu'à désigner les cibles de leurs "expéditions punitives"; et lorsque le président du Conseil Giovanni Giolitti provoque en mai 1921 des élections anticipées pour affaiblir les socialistes, il accueille officiellement des candidats fascistes sur les listes du "bloc national".

C'est ainsi que les 36 premiers députés fascistes font leur entrée à la Chambre. Au cours du seul premier semestre de l'année 1921, un recensement approximatif et certainement sous-estimé dénombre 726 destructions causées par les fascistes: Maisons du Peuple, imprimeries, sièges de journaux, chambres du travail et coopératives, ligues et sociétés de secours mutuel, cercles de lecture, bibliothèques, théâtres, et même une université populaire sont l'objet des assauts squadristes.

Pour l'ensemble de l'année 1921, la violence fasciste fera de 500 à 600 morts, et surtout un nombre considérable de blessés : dans une grande partie des cas, les squadristes cherchent à humilier et à soumettre les victimes, davantage qu'à les éliminer physiquement. C'est le règne du *manganello*, le "joli gourdin"... et de l'huile de ricin.

III° CONGRESSO NAZIONALE
FASCISTA
ROMA   NOVEMBRE 1921

Cette affiche annonce la tenue du troisième congrès fasciste. C'est à cette occasion, en novembre 1921, que Mussolini proclame la transformation du mouvement en un Parti national fasciste (PNF). Il s'agit d'éviter la dispersion des forces et de faire du fascisme un instrument efficace de conquête du pouvoir.

Le Parti national fasciste

La réaction agraire, soutenue par les grands propriétaires terriens, qui avait recruté en masse chômeurs, métayers et petits propriétaires affolés par l'hydre collectiviste, court le risque de voir s'épuiser son impulsion première. Mussolini décide alors de reprendre l'initiative. En novembre 1921, il transforme le mouvement en un Parti national fasciste centralisé ; le parti, organisé autour de sa personne, représente désormais une force importante qu'il place au service de ses ambitions nationales. Parmi les militants du nouveau parti, on compte près de 40 % de travailleurs agricoles, d'ouvriers et de marins ; le reste est composé d'étudiants, de membres des professions libérales, de paysans et d'artisans, de commerçants et d'employés. Globalement, les classes moyennes y sont surreprésentées ; 90 % des dirigeants et des cadres du parti sont d'extraction bourgeoise. En mai 1922, le PNF revendique 322 000 membres : en quelques mois, il vient de s'imposer comme le plus grand parti de masse qu'ait connu l'Italie depuis le Risorgimento.

Comment expliquer un succès aussi fulgurant ? Benito Mussolini a su mettre ses talents d'agitateur au service de ses ambitions et profiter d'une occasion unique : le tumulte de l'après-guerre, la grande peur des bien-pensants face à la montée du péril rouge et le sentiment généralement partagé d'une impuissance des institutions légales et des hiérarchies traditionnelles à surmonter la crise ont jeté un grand nombre de personnes désemparées ou avides d'action dans les bras du fascisme, un mouvement encore hétéroclite mais dont le caractère farouchement antisocialiste et nationalis-

En avril 1921, les fascistes de la région de Vérone convergent vers la ville pour assister à un rassemblement électoral. A la fin de l'année précédente, ils avaient été admis au sein d'un Bloc national rassemblant libéraux et catholiques conservateurs en vue de contrer la poussée des socialistes et des catholiques populaires. Mais il apparaît bien vite que les fascistes ne se contenteront pas d'être une force d'appoint.

Venus de toutes les régions d'Italie, les fascistes arrivent à la gare de Naples pour le grand rassemblement du 24 octobre 1922. Profitant des atermoiements des libéraux, Mussolini s'apprête à revendiquer la direction du gouvernement.

te a pu servir de point de rassemblement opportun. Par ailleurs, dans la mesure où ils semblaient les mieux à même de faire face à un danger précis, les squadristes ont bénéficié dès 1920 du soutien financier des industriels et des propriétaires terriens.

Dès 1922, Mussolini dispose donc d'une force organisée, qui lui donne un avantage très net sur les autres concurrents politiques et le place en bonne position pour résoudre la crise de l'après-guerre.

L'appui décisif de certains libéraux

L'instabilité gouvernementale des années 1919-1922 s'est imposée à l'esprit de tous les observateurs de l'époque. Faute d'avoir su faire évoluer ses méthodes de gouvernement ni d'avoir procédé au renouvellement de ses dirigeants, d'Orlando à Nitti, de Giolitti à Bonomi, la vieille classe politique libérale s'est usée à l'épreuve du pouvoir ; sans même parler des rivalités de personnes ni des antagonismes régionaux coutumiers

à la péninsule, les blessures de l'affrontement entre les opposants à l'entrée en guerre et les interventionnistes sont mal cicatrisées.

Au contraire, Mussolini, qui a su parfaitement analyser les failles du système libéral, mène de front la double tactique de la violence antisocialiste et des protestations légalistes. Il revendique l'entrée des fascistes au gouvernement, menaçant d'un coup de force les opposants éventuels à un tel dessein. Mais alors même qu'il lance ses attaques contre un gouvernement accusé de faiblesse à l'encontre des antifascistes — les forces "antinationales" de la subversion intérieure, comme il les nomme —, Mussolini s'attache à rassurer le roi sur ses intentions pacifiques : au cours de l'été 1922, il a officiellement renoncé à sa *tendenzialità*, l'"inclination républicaine" affirmée dans le premier programme des Faisceaux.

Depuis le mois de février 1922, la présidence du Conseil était assumée par Luigi Facta, une personnalité falote que tous s'accordent à considérer comme un chef de gouvernement de transition. Il est clair désormais que la vacance relative du pouvoir ne se résoudra que par l'investiture d'un gouvernement qui sera soit solidement ancré à droite, soit nettement antifasciste. Pour conjurer la seconde hypothèse, des forces puissantes vont ouvrir la voie aux fascistes. Parmi eux, on compte les principaux magnats de la presse, une partie de l'état-major, des dignitaires de la franc-maçonnerie, des capitaines d'industrie réunis au sein de la *Confindustria* (l'organisation des grands industriels), des familiers du roi et de la maison de Savoie. Cette nébuleuse de forces engage Victor-Emmanuel III à prendre une décision rapide à même de contraster avec les manœuvres dilatoires poursuivies jusqu'alors par des libéraux comme Giolitti ou Facta.

Du reste, le fascisme est désormais en mesure de mobiliser des masses toujours plus nombreuses et mieux armées. Les vieux caciques de la classe dominante, qui considèrent cette mobilisation avec une certaine sympathie, s'illusionnent sur leur capacité à récupérer le mouvement

Le fascisme saura mettre le trait de dessinateurs célèbres au service de sa propagande. Cette affiche de Marcello Dudovich exalte l'époque des expéditions punitives contre les "rouges".

Au matin du 28 octobre 1922, les portes de Rome, barrées de chevaux de frise, sont placées sous le contrôle de l'armée. Mais le roi Victor-Emmanuel refuse de signer le décret d'état de siège que lui présente le Premier ministre Facta. Dès lors, les fascistes peuvent investir la capitale.

dans le cadre de la légalité constitutionnelle et du conservatisme politique. Dans de nombreuses régions d'Italie, les organes de l'appareil d'Etat sont d'ores et déjà passés sous l'emprise des militants fascistes. Ceux-ci, qui paradent au cœur de villes où ils font régner leur loi, vont jusqu'à exiger et obtenir la révocation des rares préfets qui osent les défier. Une tentative de mobilisation antifasciste s'esquisse au cours de l'été, mais trop tard... L'Alliance du Travail, constituée par les principaux syndicats italiens (CGIL, USL, UIL, cheminots et dockers) lance un mot d'ordre de "grève pour la légalité". Sous l'assaut violent des fascistes, celle-ci flanche presque immédiatement et doit être suspendue le 3 août. Le 14, le PNF exige la dissolution de la Chambre et la tenue de nouvelles élections.

De Naples à Rome, le chemin du pouvoir

C'est alors que Mussolini et d'autres dirigeants fascistes ont l'idée d'une manœuvre militaire qui passera à la postérité sous le nom de "Marche sur Rome". La mise au point de l'opération se poursuit parallèlement aux contacts pris avec les libéraux partisans de leur en-

Durant le mois d'octobre 1922, de nombreux meetings sont convoqués dans toute l'Italie par les principaux chefs fascistes. Lors du grand rassemblement de Naples, le 24 octobre, Benito Mussolini annonce l'imminence d'une "action décisive", sans pour autant laisser transpirer aucun détail des préparatifs militaires.

Le 28, au jour prévu pour le déclenchement de l'opération, les groupes fascistes se rassemblent selon un plan préétabli dans de nombreuses villes de la péninsule où ils s'emparent des bureaux de postes et de télégraphe, des principaux nœuds ferroviaires et défilent devant les casernes et les préfectures. Dans l'ensemble, ces manœuvres, conduites sous le regard passif des autorités militaires, se déroulent pacifiquement. Le quartier général fasciste s'installe à l'hôtel Brufani de Pérouse où campe le "quadriumvirat" des responsables militaires de la Marche sur Rome : Italo Balbo, Michele Bianchi, Emilio De Bono, Cesare Maria De Vecchi. Prudent, Benito Mussolini se tient quelque peu à l'écart ; c'est depuis son siège de Milan qu'il suit le déroulement conjoint des manœuvres fascistes et des tractations politiques romaines.

Une première colonne de 4 000 fascistes, placée sous les ordres de Dino Perrone Compagni fait marche depuis Civitavecchia, située à l'ouest de Rome ; une seconde, forte de 2 000 hommes commandés par Ulisse Igliori, s'ébranle depuis Monterotondo au nord ; une troisième colonne de 8 000 fascistes enfin, emmenée par Giuseppe Bottai, s'élance à partir de Tivoli, à l'est de la capitale. Pendant toute la durée de l'opération, l'armée et la police se gardent d'intervenir. La manœuvre démontre le succès du balancement tactique entre la violence et la recherche d'un compromis avec la vieille classe dirigeante.

Par la suite, le régime fasciste célébrera l'anniversaire du 28 octobre comme une fête nationale. Des brevets seront distribués aux participants à la Marche qui se verront en outre reconnaître divers privilèges honorifiques et pécuniaires. ■

La Marche sur Rome s'achève en triomphe pour les fascistes qui paradent désormais dans les rues de la ville. La manœuvre n'a pas été aussi risquée qu'on a bien voulu le prétendre par la suite : bon nombre de participants ont accompli leur "marche" en train.

trée au gouvernement. Une milice fasciste est créée au début du mois d'octobre sans que le gouvernement n'ait les moyens de réagir à cette violation manifeste de l'ordre constitutionnel ; le 24, à l'occasion d'un rassemblement à Naples, les fascistes avancent une nouvelle exigence : ils réclament pour eux la tête du gouvernement. Mussolini, lui, continue de rassurer le roi... tout en peaufinant son plan d'insurrection.

Le coup de force de la Marche sur Rome aurait pu aisément être déjoué par les forces armées mais, le 28 octobre, le souverain refuse de céder aux supliques de Luigi Facta qui lui demande de décréter l'état de siège. Facta démissionne. Victor-Emmanuel III réagit alors à l'instar de tant de conservateurs italiens : il craint que la déconfiture éventuelle de Mussolini ne rouvre la voie aux troubles révolutionnaires des années 1919-1920. Pour le roi, la seule solution à la crise réside dans l'appel à des hommes neufs. En pratique, la Marche sur Rome n'a pas eu le caractère insurrectionnel qu'on lui a prêté — une partie des colonnes fascistes achèvent leur "marche" en train, ce qui démontre

le caractère peu risqué de l'entreprise !
—, elle relève davantage de la guerre psychologique : en contribuant à alourdir l'atmosphère politique, elle aggrave le sentiment d'une désintégration générale de l'Etat. Le 29 octobre, l'armée, la magistrature, la Confindustria, l'appareil bureaucratique, tous apprennent avec soulagement que le roi a chargé Mussolini de former le nouveau gouvernement.

Le dirigeant fasciste, qui se rend de Milan à Rome en wagon-lit, va se présenter au roi en chemise noire, en lieu et place des traditionnels habits de cérémonie. Le 30 octobre 1922, après avoir constitué son gouvernement, le plus jeune président du Conseil de l'histoire italienne — il a 39 ans — peut observer avec satisfaction le défilé des dizaines de milliers de ses partisans entrés dans Rome sans coup férir.

La décision de Victor-Emmanuel sera lourde de conséquences ; en confiant le sort du pays au dirigeant d'un petit groupe parlementaire fort d'à peine une trentaine de députés, le roi n'a pas outrepassé ses prérogatives constitutionnelles. Formellement, la bonne marche et la continuité des institutions sont assurées : on ne peut pas encore parler de changement de régime. Après le tournant d'octobre 1922, l'interpénétration politique et sociologique du fascisme avec la bourgeoisie et l'appareil d'Etat, déjà bien avancée, va permettre d'instaurer un compromis durable entre les fascistes et les conservateurs.

Contrairement à ce que les fascistes ont prétendu par la suite, il n'y a pas eu de révolution sociale, pas davantage qu'un suicide du libéralisme italien face au choc irrésistible d'un mouvement insurrectionnel. La "prise du pouvoir" — une expression sans doute mal appropriée — s'est déroulée dans des conditions peu risquées, et le recours à l'illégalité a été somme toute fort mesuré. Pourtant, le succès d'un mouvement vieux d'à peine trois ans et demi va s'avérer total : il précipite le destin de l'Italie pour deux longues décennies.

Benito Mussolini
Fondatore e Duce del Fascismo, ora Presidente del Consiglio dei Ministri.

Cette carte postale commémorative de 1922 représente Mussolini dans ses habits neufs de chef du gouvernement. Lorsque le roi confie à Mussolini la direction des affaires du pays, le dirigeant fasciste n'a que trente-neuf ans. Il devient ainsi le plus jeune président du Conseil de l'histoire italienne.

Chapitre 2

MUSSOLINI
CHEF DE GOUVERNEMENT

En octobre 1922, Mussolini reçoit la mission de former un nouveau gouvernement. Nombreux sont alors ceux qui pensent que le fascisme au pouvoir n'entraînera pas de rupture avec les traditions de l'Italie libérale...

Le tournant de 1922 inaugure ce qu'il est convenu d'appeler le *ventennio* de l'ère fasciste. Mais, s'il s'établit fermement au pouvoir pour vingt ans, le fascisme, qui s'est imposé dans des conditions de semi-légalité, n'instaure pas d'emblée une dictature ouverte et encore moins un régime totalitaire.

Pendant deux ans, Mussolini dirige un gouvernement de coalition qui reçoit le soutien de forces hétérogènes. La rupture avec la période précédente est néanmoins patente : le fascisme double le gouvernement officiel de ses institutions propres, modifiant ainsi totalement l'exercice du pouvoir légal et l'équilibre constitutionnel. Dans son *Mussolini — L'Homme et le Chef*, Margherita Sarfatti, une admiratrice de la première heure, exalte l'esprit qui souffle sur l'Italie :

"L'habitude qu'avait toujours eue Mussolini de saluer de sa main agitée en l'air s'était mêlée dans les esprits au souvenir indistinct du salut à la romaine. (...) On retrouva les noms romains : légions, manipules, centurions, consuls, et la répartition en princes et en triaire, et la colonne par trois, si souple. Quelle différence avec les processions socialistes, lentes, traînantes, confuses, auxquelles personne n'avait jamais pu donner ordre ni forme ! C'est qu'à la fausse égalité, le fascisme substituait une fraternité profonde, avec son sym-bole, cette chemise noire, déjà chère à nos partisans avant la guerre, et que dans la guerre les *Arditi* avaient rendue encore plus glorieuse que la chemise

Victor-Emmanuel III et Mussolini durant une visite officielle à Milan en 1923. Placé à la tête d'un gouvernement de coalition hétérogène, Mussolini met à profit les années 1922 à 1924 pour raffermir ses liens avec la couronne et commencer à s'affranchir du carcan des institutions libérales ; le pur régime fasciste est en gestation.

Réunion du gouvernement Mussolini formé à la suite de la Marche sur Rome. On reconnaît le philosophe Gentile, en charge de l'Instruction publique, l'industriel libéral Rossi di Montelera à l'Industrie, et les militaires Diaz et Thaon di Revel, respectivement à la Guerre et à la Marine; Quant à Mussolini, il s'est réservé le portefeuille de l'Intérieur.

rouge garibaldine. (...) Tout le fascisme était d'ailleurs inspiré par l'esprit *ardito*. L'*arditisme* donna au fascisme ses cris, ses armes, ses chants. Je m'aperçus un jour qu'une certaine manière de se coiffer, de rejeter ses cheveux en arrière, était dite, comme elle était en effet, à la fasciste. Une certaine façon de regarder, de marcher, une certaine expression du visage firent reconnaître partout les fascistes. Il y avait une mode, un style, presque un type physique fasciste. "Une nation qui a toute vingt ans", observaient les étrangers surpris."

Le premier gouvernement Mussolini

Tout comme le Sénat royal, la Chambre des députés vote la confiance à une majorité écrasante : nationalistes et libéraux de toute obédience, démocrates, radicaux et catholiques populaires votent à l'unisson. L'opposition se résume aux seuls députés socialistes, communistes et républicains.

Mussolini fait preuve d'une certaine habileté manœuvrière dans le subtil dosage des postes ministériels ; afin de contrôler au plus près la machine administrative, il se réserve les portefeuilles des Affaires étrangères et de l'Intérieur et confie un bon nombre de sous-secrétariats d'Etat et de directions générales à ses affidés fascistes.

Mais de nombreux ministères sont attribués à ses alliés du moment, libéraux, catholiques, et démocrates : l'entrepreneur libéral Teofilo Rossi di Montelara est nommé ministre de l'Industrie, le philosophe Giovanni Gentile prend en charge l'Instruction publique, et la responsabilité de l'armée échoit au maréchal Armando Diaz et à l'amiral Paolo Thaon di Revel. Parvenu au pouvoir, Mussolini ne renonce en aucune manière à la constitution d'un "gouvernement fort" dont il assure le contrôle personnellement ; en parallèle, il élargit le champ des connivences et de ses appuis extérieurs attirés toujours en plus grand nombre dans l'orbite du fascisme.

En 1923, le PNF opère sa fusion avec le petit Parti nationaliste italien, qui ne compte qu'une dizaine de députés mais a constitué ses propres escouades armées, des "chemises bleues" particulièrement actives au sud de la péninsule. Cette fusion est importante car elle entraîne de nouveaux équilibres politiques et idéologiques au profit du fascisme au pouvoir. Lors de la phase cruciale de passage à la dictature, certains des plus proches collaborateurs de Mussolini seront issus de la mouvance nationaliste : les ministres Luigi Federzoni et Alfredo Rocco apporteront une contribution décisive à la construction de l'Etat autoritaire, orientant celui-ci dans un sens conservateur bien différent des premières professions de foi fascistes.

La constitution du gouvernement Mussolini n'a pas pour autant signifié le retour au calme et à l'ordre constitutionnel pour l'ensemble des citoyens : les antifascistes sont plus que jamais pourchassés et les squadristes commettent leurs exactions en toute impunité.

En 1924, le dirigeant du Parti nationaliste Luigi Federzoni (1878-1967) anime une réunion publique ; l'année précédente, ce petit parti s'est fondu au sein du Parti national fasciste. Membre du Grand Conseil, Federzoni sera parmi les signataires de la motion Grandi qui précipite la chute du Duce le 25 juillet 1943.

Le double Etat fasciste

Au début de l'année 1923, les escouades fascistes qui avaient imposé leur loi au cours des deux années précédentes sont regroupées au sein d'une Milice volontaire pour la sécurité nationale (MVSN), directement placée sous les ordres de Mussolini. Le bras armé du fascisme est ainsi légalisé ; cette force de dissuasion pèsera lourd dans le climat ambiant : d'un côté, elle permet d'espionner et de menacer les opposants, de l'autre, elle démontre aux ralliés de la classe politique que le gouvernement Mussolini a les moyens de ses

LA MILICE : UNE ARMÉE PARALLÈLE

Le décret royal n° 31 daté du 14 janvier 1923 institue une "Milice volontaire pour la sécurité nationale" (MVSN) placée "au service de Dieu et de la Patrie italienne, et sous les ordres du chef du gouvernement. Elle assure, avec le concours des corps armés pour la sécurité publique et l'armée royale, le maintien de l'ordre public ; elle prépare et encadre les citoyens pour la défense des intérêts italiens dans le monde. (…) Le recrutement est volontaire et a lieu dans les rangs des membres de la Milice fasciste âgés de 17 à 50 ans qui en feraient la demande et qui répondent aux impératifs de compétence et de moralité laissés à l'appréciation du président du Conseil ou des autorités hiérarchiques déléguées. (…) La MVSN sert à titre gratuit. Lorsque le service est rendu en dehors de la commune de résidence, les indemnités versées sont à la charge de l'Etat. (…) En cas de mobilisation générale ou partielle de l'armée de terre et de la marine, la Milice fasciste est incorporée au sein des forces armées et répartie en fonction des besoins de chaque arme et de ses grades. (…) Les dépenses afférentes à l'institution et à l'entretien de la MVSN sont à la charge du budget de l'Intérieur".

Le décret n° 831 du 8 mars 1923 précise que la MVSN, "tout en se maintenant dans le strict cadre des devoirs qui lui sont assignés, se fonde sur les traditions de la Milice fasciste, qui a valorisé la victoire et a rendu à l'Italie le sens de la gloire et de la force nationales. (…) La base de la discipline est l'obéissance absolue due par le subordonné à son supérieur. L'obéissance doit être aveugle, rapide, respectueuse et absolue".

Enfin, le décret royal n° 832 du 8 mars 1923 entérine le caractère partisan de l'affiliation milicienne en précisant que "les demandes d'admission devront être soumises au directoire du Faisceau local qui les transmettra à la fédération provinciale, laquelle, en accord avec le commandement de légion compétent, décide de l'admission". ■

Mussolini lors d'un passage en revue des troupes de la Milice en 1928.

ambitions et ne se considère en aucune façon comme transitoire. La Milice est commandée par le général E-milio de Bono, qui est est également placé à la tête de la police d'Etat.

Le cas de la Milice est un bon exemple de la mise en place de pouvoirs parallèles qui renforcent la main-mise des fascistes sur l'appareil d'Etat. Le "double Etat" qui commence à se former dès 1923 et se mani-feste au travers de la Milice a aussi son versant occul-te : le Grand Conseil du fascisme, présidé par Musso-lini, tient ses réunions en secret, souvent de nuit ; il regroupe un nombre, variable selon les besoins et les époques, de notables et de chefs fascistes ; son but est de contrôler en sous-main et d'orienter les délibé-rations du gouvernement légal, dirigé par le même Mussolini mais composé également de ministres issus d'autres horizons. Dans les faits, le gouver-nement officiel de Musso-lini semble prendre une di-rection opposée à la tradi-tion, du reste bien fragile, de la légalité parlementai-re. Le Grand Conseil œu-vre certes dans l'ombre, mais dans le cadre d'une pratique neuve qui consis-te, de la part des fascis-tes, à investir le moindre espace de pouvoir, public ou occulte, prédéterminant ainsi une situation politique qu'il devient difficile d'in-fléchir par la suite.

*M*ussolini préside une réunion du Grand Conseil du fascisme ; depuis 1923, ce nouvel organe double le gouvernement officiel : il détermine les grandes directives politiques qui seront ensuite entérinées par le gouvernement et le Parlement.

Le personnage de Mussolini, les conditions dans lesquelles le fascisme effectue ses débuts au gouver-nement, tout contribue à accélérer un processus qui se veut irrésistible, inamovible, incontrôlable. Cette in-troduction graduelle de pratiques politiques tendan-cieusement totalitaires est jalonnée de mesures sans équivoque.

Dans un premier temps, les forces sociales qui a-vaient présidé à l'ascension des fascistes sont récompensées. Le caractère nominatif des actions, qui rend leurs propriétaires plus vulnérables face au fisc, est supprimé en même temps que le monopole d'Etat sur les assurances-vie ; les droits de succession sont rabaissés. Plusieurs services publics, tel le téléphone, sont privatisés.

Inversement, le gel des loyers qui avait été maintenu après-guerre est supprimé, d'où de fortes augmentations et une aggravation des conditions de vie des locataires. Le gouvernement licencie un grand nombre de cheminots, en partie pour alléger les dépenses publiques du poids d'une main-d'œuvre surabondante embauchée durant la guerre, mais aussi pour briser un bastion du syndicalisme socialiste et démocratique.

Giacomo Acerbo (deuxième à partir de la gauche) a été chargé par Mussolini d'établir les listes des candidats gouvernementaux pour les élections générales de 1924. A ses côtés, on retrouve les autres membres de la Commission gouvernementale, la fameuse "pentarchie" : Cesare Rossi, Aldo Finzi, Michele Bianchi et Francesco Giunta (assis, à partir de la gauche).

L'enseignement et le système électoral

Dans le cortège des premières mesures fascistes, la réforme scolaire est des plus importantes. Mise en œuvre dès 1923 par le ministre Gentile, elle est, selon Mussolini lui-même, "la plus fasciste des réformes". En réalité, celle-ci consiste surtout à revenir sur le lent travail de démocratisation entrepris depuis des lustres pour lui substituer un système rigide et autoritaire. Fidèle à sa philosophie idéaliste de "l'Etat-éducateur", Gentile impose dans toutes les écoles un même examen d'Etat où le poids des humanités classiques est renforcé au détriment des matières scientifiques ; pour

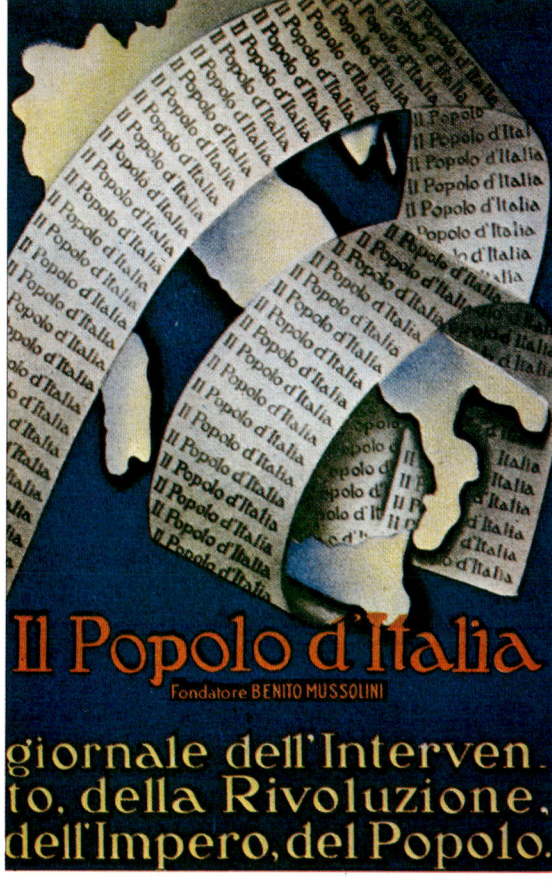

Cette affiche de propagande pour Il Popolo d'Italia *proclame que le quotidien, propriété de Mussolini, est "le journal de l'entrée en Guerre, de la Révolution, de l'Empire, du Peuple".*

Il Popolo d'Italia

Fondatore BENITO MUSSOLINI

giornale dell'Interven. to, della Rivoluzione, dell'Impero, del Popolo.

L e décret n° 3288 du 15 juillet 1923 prescrit que "le gérant responsable d'un journal ou de toute autre publication périodique (...) doit être le directeur ou l'un des principaux rédacteurs habituels du journal ou de la publication ; il doit obtenir l'autorisation du préfet de la province ou de la région où le journal est imprimé. (...)" Le préfet a le pouvoir de mettre en demeure un gérant dont "le journal ou la publication comporte des informations fausses ou tendancieuses susceptibles d'entraver l'action diplomatique du gouvernement dans ses rapports avec l'extérieur ou de porter atteinte au crédit national, tant à l'intérieur qu'à l'extérieur du pays, ou d'alarmer la population de manière infondée", et ceci "au moyen d'articles, de manchettes, d'illustrations, de vignettes incitant à commettre des délits, à la haine de classe, à la désobéissance civile ou aux ordres des autorités, ou encore à compromettre la discipline des employés dans les services publics, à favoriser les intérêts d'Etats, d'entités ou d'intérêts étrangers aux dépens des intérêts nationaux italiens, à dénigrer la Patrie, le Roi, la Maison royale, le Souverain Pontife, la Religion d'Etat, les institutions et les autorités de l'Etat ou encore les Puissances alliées". Le préfet "a le pouvoir de révoquer l'autorisation accordée à un gérant mis en demeure par deux fois durant une même année" et il peut "refuser l'agrément d'un nouveau gérant quand le précédent a été révoqué ou condamné par deux fois en l'espace de deux années à des peines de plus de six mois pour contravention aux lois sur la presse, ou encore lorsque les journaux et écrits périodiques touchés par les mesures préfectorales se cachent derrière de nouveaux titres afin d'en poursuivre la publication. (...) Les journaux ou autres écrits périodiques publiés en contravention aux précédentes dispositions seront placés sous séquestre". ■

valoriser cette conception élitiste de l'éducation, de nombreuses écoles technico-professionnelles qui accueillaient des élèves issus de milieux populaires voient leurs budgets rognés, quand elles ne sont pas purement et simplement fermées. Au fil des années, l'école va devenir l'un des secteurs d'intervention privilégiés de la propagande culturelle et de l'endoctrinement idéologique du fascisme.

Une autre réforme essentielle concerne le processus électoral ; son objectif fondamental est d'offrir à Mussolini la garantie de "durer". La loi Acerbo, du nom de son rédacteur, sous-secrétaire d'Etat à la présidence du Conseil, est approuvée par une large majorité de députés ; elle bénéficie aussi de l'abstention du parti populaire qui avait pourtant subi l'affront, peu de temps auparavant, de voir ses ministres écartés du gouvernement.

La nouvelle loi électorale va à contre-courant du principe de la représentation proportionnelle : elle assure en effet les deux tiers des sièges à la liste arrivée en tête. Du reste, au lendemain de la Marche sur Rome, Mussolini n'a-t-il pas proclamé ouvertement son mépris à l'encontre du Parlement dès la séance d'investiture de son gouvernement, en lui signifiant qu'il n'est qu'"une enceinte grise et sordide qu'il aurait aisément pu transformer en bivouac pour ses manipules fascistes" ! Les administrations locales fournissent un terrain propice à l'introduction du nouveau mécanisme électoral. Les administrations provinciales et les conseils municipaux de gauche ont été réduits par la force conjointe de la violence squadriste et de décrets préfectoraux qui les destituent au profit de représentants nommés par les commissaires royaux et préfectoraux.

A l'occasion de plusieurs élections partielles qui se déroulent durant cette même année 1923, les pressions et les menaces conduisent à la présentation des seules listes fascistes ; au moment du scrutin, la Milice monte la garde devant les bureaux de vote afin d'en

A l'occasion des élections d'avril 1924, cette affiche invite à voter en masse pour le listone, *la "grande liste" nationale qui rassemble fascistes et philofascistes, mais aussi catholiques et libéraux.*
A droite. Entouré de militants socialistes, le député Giacomo Matteotti (1885-1924).

barrer l'entrée aux antifascistes notoires et de favoriser une fraude à grande échelle. C'est ainsi que les "élus" fascistes accroissent de manière significative leur représentation. Or, c'est parmi ces élus que les préfets sélectionnent les assesseurs et les présidents de bureau en prévision des élections générales…

C'est dans ce contexte que les élections d'avril 1924 entérinent la large victoire du *listone*, la "grande liste" qui comprend les fascistes et leurs alliés. Parmi ces derniers, on compte encore des dirigeants libéraux comme Salandra et Orlando ou des catholiques comme Cavazzoni et Mattei-Gentili.

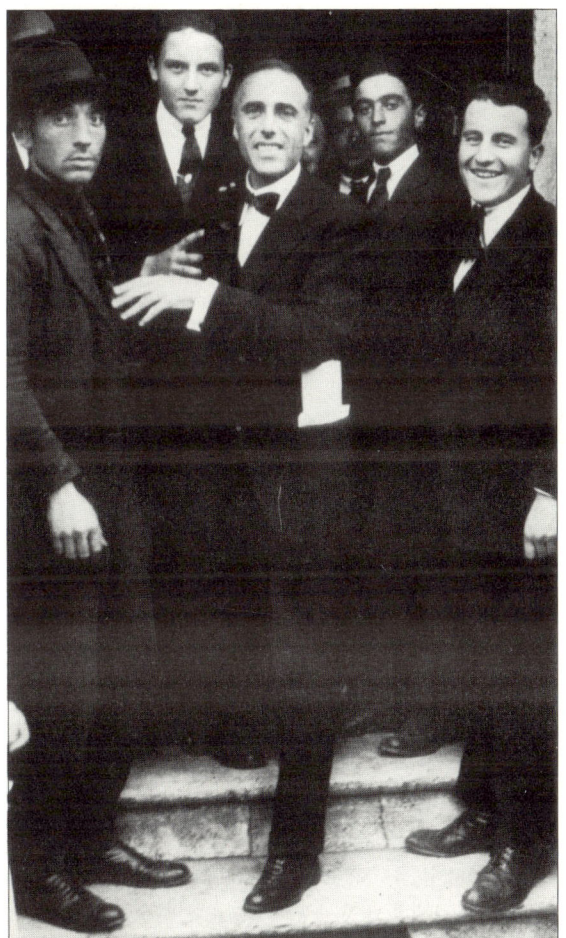

Le 30 mai 1924, face à des parlementaires fascistes qui l'abreuvent d'insultes, le député socialiste Giacomo Matteotti prononce devant la Chambre un discours courageux dans lequel il dénonce, preuves à l'appui, les violences qui ont faussé le résultat des élections.

Rome, juin 1924: la foule se rassemble au bord du Tibre, à l'endroit où Matteotti a été enlevé par un commando fasciste. Le cadavre du député socialiste sera retrouvé le 16 août dans un bois situé à une vingtaine de kilomètres de la capitale.

Le *listone*, associé à d'autres petites listes parafascistes, obtient 64,9 % des voix et 374 députés parmi lesquels 275 sont des membres officiels du PNF; tous les autres partis, qu'ils soient ou non antifascistes, ne recueillent que 161 sièges; ils ont été pénalisés par le mécanisme électoral mais aussi par l'obstruction systématique des escouades armées à la solde du fascisme. De plus, ils sont profondément divisés, ce qui ne leur a certes pas permis d'affronter l'épreuve dans les meilleures conditions.

Le dépouillement des résultats enregistre un succès remarquable des fascistes en Emilie-Romagne, en Toscane et dans quelques circonscriptions de la vallée du Pô. Avec plus de 80 % des suffrages, le *listone* est plébiscité dans l'ensemble du Mezzogiorno. Au nord de la péninsule en revanche, les fascistes ne recueillent qu'un peu plus de la moitié des voix; dans plusieurs grandes villes et circonscriptions industrielles, ils restent minoritaires.

L'affaire Matteotti

Lors d'une des premières séances de la nouvelle chambre, le 30 mai 1924, face à des parlementaires fascistes qui l'abreuvent d'insultes, le député socialiste Giacomo Matteotti prononce un discours courageux dans lequel il dénonce, preuves à l'appui, les violen-

ces qui ont faussé le résultat des élections. Son réquisitoire amplement documenté et surtout sa demande d'invalidation du scrutin suscitent une folle colère de la part de Mussolini, préoccupé par le risque d'une réaction de la presse. Le 10 juin, un commando enlève le député en plein centre de Rome.

La disparition de Matteotti suscite une vague d'indignation dans l'opinion publique et gagne même une partie des sympathisants du dirigeant fasciste : nombreux sont ceux qui croient encore que Mussolini exerce une influence modératrice sur ses comparses. Le 16 août, le cadavre de Giacomo Matteotti est retrouvé dans une forêt des environs de la capitale. L'émotion est à son comble, d'autant que ce n'est pas le premier attentat commis par les fascistes ; l'année précédente, ils ont assassiné le prêtre don Giovanni Minzoni et roué de coups le dirigeant démocratique Giovanni Amendola. Pourtant, il s'agit là du premier enlèvement criminel accompli à l'encontre d'un député de l'opposition.

La responsabilité politique et morale de Mussolini est évidente : les exécutants du rapt font partie d'un groupe protégé par la police et en contact avec des membres de l'entourage direct du président du Conseil. Du reste, Mussolini n'a rien fait pour activer les recherches dans les jours qui ont suivi la disparition de Matteotti ; il se montre manifestement embarrassé,

Une réunion du groupe de l'Aventin, ces députés qui ont décidé de quitter l'hémicycle pour protester contre l'enlèvement de Matteotti. La sécession de l'Aventin, qui réunit des hommes issus de différents courants politiques, se réduit à un appel pathétique au roi afin que ce dernier use de ses pouvoirs pour rétablir l'honneur et la légalité de l'Etat. Cet appel ne sera pas entendu (à droite de la photographie, on reconnaît le socialiste Buozzi et, à ses côtés, le libéral Amendola).

cherche à minimiser les faits. En guise de protestation, un groupe de députés issus de divers partis et courants antifascistes abandonne l'hémicycle de la Chambre pour former le comité de l'Aventin, en référence à la sécession de la plèbe de Rome sur le mont Sacré lors de sa lutte contre les patriciens aux débuts de la République (Ve siècle av. J.-C.).

Emmenées par Giovanni Amendola, les forces de l'Aventin lancent une vigoureuse campagne de presse contre le fascisme ; cependant, leur dénonciation politique ne s'accompagne d'aucune action concrète ; respectueux des institutions, les députés de l'Aventin se bornent à en appeler à un geste du souverain, seul à même de rétablir les pleines conditions de la légalité constitutionnelle. Mais Victor-Emmanuel III reste sourd à ces appels et ne dément pas son soutien à Mussolini ; alors que les mois passent dans une expectative stérile, ce dernier gagne à nouveau du terrain ; le chef de gouvernement va bientôt reprendre l'initiative.

A la fin de l'année 1924, le squadrisme suscite une nouvelle flambée de violences qui rappelle à bien des égards la première vague de la terreur agraire. Celle-ci est d'ailleurs théorisée et invoquée comme modèle par plusieurs *ras* parmi lesquels se distingue Farinacci. La Milice, et de manière plus générale, les fascistes s'impatientent ; ils supportent de plus en plus mal la tactique attentiste et selon eux compromettante de Mussolini ; ils menacent d'une insurrection générale contre les antifascistes. Le chef du gouvernement juge alors que les forces d'opposition ne seront pas en mesure de soutenir longtemps une campagne strictement morale et institutionnelle contre un pouvoir en place qui n'a du reste pas été concrètement entamé par le scandale. Le 3 janvier 1925, il prononce à la Chambre un contre-discours qui est resté dans les annales comme l'avènement de la dictature : Mussolini "assume personnellement toute la responsabilité des événements passés" et met ses adversaires au défi de le dénoncer comme le chef d'une association de malfaiteurs. Implicitement donc, il revendique la paternité de l'assassinat de Matteotti. Face à ces propos d'une portée inouïe, nul n'ose répliquer. C'en est fait de l'opposition.

L'affaire Matteotti a été le seul moment où Mussolini a encouru un risque sérieux de perdre les rênes du pouvoir ; dorénavant, il va les concentrer fermement entre ses mains et ne sera plus inquiété jusqu'au jour de sa chute brutale en 1943. La confiance du roi a constitué un élément décisif durant la tourmente de l'année 1924. Le meurtre de Matteotti restera scandaleusement impuni. Plusieurs personnalités fascistes de premier plan, comme De Bono ou Marinelli, pourtant impliquées, seront purement et simplement blanchies de tout soupçon ; quant aux exécutants du crime, certains sont condamnés à des peines légères — qu'ils ne purgeront d'ailleurs pratiquement pas —, d'autres sont acquittés.

Une réunion de la Milice en 1925. Au lendemain de l'affaire Matteotti, de nombreuses voix s'élèvent dans ses rangs pour inciter Mussolini à précipiter l'orientation autoritaire du régime.

Le sénateur Giovanni Agnelli, fondateur de la Fiat, fait visiter au roi Victor-Emmanuel ses nouvelles usines de Lingotto ; debout, près de la voiture royale, on reconnaît le champion automobile Pietro Bordino. Lors du tournant autoritaire de janvier 1925, Mussolini resserre les liens déjà noués en 1922 avec la couronne et avec les milieux industriels ; c'est ainsi que Giuseppe Volpi, magnat de l'industrie électrique, devient ministre des Finances.

Vers la dictature

Le tournant du 3 janvier 1925 a permis à Mussolini de consolider ses liens avec le roi, les industriels et l'ensemble des forces qui — aux côtés du parti et de la Milice — l'avaient coopté en 1922 et lui avaient réaffirmé son soutien lors de la crise de 1924.

Les forces armées apportent, elles aussi, leur appui discipliné au fascisme ; en contrepartie, le pouvoir se garde d'interférer dans les affaires intérieures de la Grande Muette : les programmes de restructuration qui n'ont pas l'heur de convenir à la hiérarchie militaire sont rapidement enterrés. Le magnat de l'électricité Giuseppe Volpi, qui devient ministre des Finances, imprime un tournant nouveau à la politique économique : le laisser-faire traditionnel est progressivement abandonné au profit d'un protectionnisme qui favorise les intérêts des grands groupes industriels ; cette politique de "privatisation des profits et de socialisation des pertes", dénoncée par les antifascistes, apparaît en prélude à une politique autarcique encore embryonnaire.

Dans le courant des années 1924 et 1925, les libéraux "d'ordre" s'inscrivent en masse au PNF. Le gouvernement porte sur les fonts baptismaux le pacte dit du *palazzo Vidoni*, un pacte par lequel la Confindustria patronale et les syndicats fascistes échangent leur reconnaissance réciproque et exclusive.

La dictature s'est donc affirmée au cours de ces deux années cruciales 1924-1925 ; c'est alors que la répression policière et la chasse aux sorcières des squadristes brisent les derniers vestiges d'une continuité formelle entre l'Italie libérale et le régime fasciste.

Violence impunie et ordre imposé ; discipline hiérarchique exercée depuis les sommets de l'Etat ; humiliation de ceux qui résistent à l'instauration de l'Etat policier ; conformisme des élites qui abdiquent leur dignité pour sauvegarder leurs rentes de situation ; reconnaissance internationale de la part d'opinions publiques conservatrices qui magnifient dans de nombreux pays la figure et les mérites de Mussolini : tels sont quelques-uns des traits qui commencent à se former et qui allongent de plus en plus leurs ombres délétères. Celles-ci recouvriront l'Italie dans la longue nuit fasciste.

Aux côtés de Mussolini qui gratifie ses troupes d'un salut romain, le généralissime Armando Diaz (1861-1928), l'homme du redressement du front au lendemain du désastre de Caporetto en 1917. A l'instar de la cour, et en contrepartie d'une large autonomie de l'institution militaire, les chefs de l'armée ont soutenu le fascisme en 1925.

Chapitre 3

LE RÉGIME

FASCISTE

DURANT LA SECONDE MOITIÉ DES ANNÉES VINGT, LE FASCISME ACHÈVE SA MUE AUTORITAIRE ET DEVIENT UN ÉTAT DANS L'ÉTAT. EN 1929, LES ACCORDS DU LATRAN SIGNÉS AVEC LE VATICAN CONSACRENT LE RÔLE DU DUCE AU SEIN DE LA SOCIÉTÉ ITALIENNE.

La transformation du fascisme en régime n'implique pas un quelconque renoncement à la violence politique. Le gouvernement fasciste a néanmoins eu l'habileté de mener à bien une opération complexe de poudre aux yeux : alors même que la dictature s'affiche au grand jour, il présente l'évolution du régime comme une entreprise de "normalisation", ce afin de rassurer l'*establishment* économique et social.

Mussolini en particulier se présente aux yeux des couches dominantes comme le seul à même d'imposer sa discipline aux squadristes les plus intransigeants, comme un médiateur indispensable à la classe dirigeante et aux corps constitués. A cette époque, son personnage est encore bien loin du chef charismatique qu'il s'efforcera d'incarner dans les années trente, lorsqu'il se fondra dans la figure démiurgique et omnipotente du "Duce".

Au cours des années vingt, plusieurs attentats ont été fomentés contre le chef du gouvernement ; ils n'ont d'autre résultat que de fournir des prétextes supplémentaires pour parfaire l'édifice autoritaire de l'Etat fasciste. Chaque attentat est immédiatement suivi d'un nouveau tour de vis imposé à la population. En fait, il semble que la police ait elle-même organisé l'"attentat" de novembre 1925 ; découvert lors de sa phase préliminaire et dans des circonstances qui sont restées mystérieuses, il implique une personnalité de second plan, l'ancien député socialiste Tito Zaniboni. En

Rome, 1934 : la façade d'un palais est transformée en un gigantesque panneau électoral en faveur du "oui" à Mussolini dont la figure tutélaire règne désormais sans partage. Comme cela avait déjà été le cas en 1929 lors du plébiscite faisant suite aux accords du Latran, le choix laissé aux électeurs est des plus simples. Le régime triomphe.

En novembre 1925, l'ancien député socialiste Tito Zaniboni fomente un attentat contre le Duce. Le complot est découvert par la police bien avant la date prévue pour son exécution, dans des circonstances qui n'ont jamais été clairement élucidées.

revanche, le 7 avril 1926, une vieille lady anglaïse, Violet Gibson, tire un coup de revolver contre Mussolini et le blesse légèrement au nez. Le 11 septembre, c'est au tour de l'anarchiste Gino Lucetti qui lance une bombe contre la voiture du dirigeant et la manque. Enfin, le 31 octobre à Bologne, un autre coup de feu est tiré contre Mussolini ; le coupable présumé, un jeune homme nommé Anteo Zamboni, sera lynché sans autre forme de procès.

L'Etat autoritaire et policier

C'est dans ce contexte trouble, 1926, que prend corps l'Etat autoritaire et policier du parti unique : l'Etat fasciste. Les pouvoirs du Président du Conseil, qui s'appelle désormais le "Chef du Gouvernement", sont accrus de manière extraordinaire, tant dans ses rapports avec le roi que vis-à-vis de tous les autres membres du gouvernement.

La latitude avec laquelle le pouvoir exécutif peut promulguer des décrets spolie *de facto* le parlement de ses prérogatives législatives : le principe démocratique de séparation des pouvoirs est bafoué. En outre, le nouveau Code de la sûreté publique confère des pouvoirs accrus aux forces de police.

A tous ces éléments de centralisation autoritaire s'ajoute l'abrogation pure et simple du principe électif des administrations locales. Le maire est remplacé par un *podestà* nommé par le souverain sur proposition du gouvernement. Une loi contre les associations secrètes, qui vise essentiellement la franc-maçonnerie, est également promulguée : il s'agit de se concilier les faveurs de l'Eglise catholique en insistant sur l'orientation antilaïque du régime ; fort concrètement, la loi sert aussi à prévenir la constitution de groupes de résistance clandestins.

L'une des premières publications antifascistes clandestines est parue à

Florence en 1925 ; *Non mollare !* ("Tiens bon !"), inspiré par Gaetano Salvemini et Carlo Rosselli, se veut une
riposte aux atteintes bruyantes et systématiques à la
liberté de presse.

Le gouvernement et ses préfets font un large usage
de la censure et du séquestre des journaux ; les pressions s'exercent indifféremment contre les propriétaires, les éditeurs et les journalistes, des plus petits
gratte-papier aux signatures les plus prestigieuses. La
presse dite "indépendante" ou "d'opinion" est graduellement inféodée au régime, les titres antifascistes sont
purement et simplement supprimés.

Ce n'est pas un hasard si les "lois de défense de
l'Etat" de novembre 1926 ont été qualifiées de "fascistissimes" : elles déchoient de leur mandat les députés qui ont participé à la sécession de l'Aventin ; de
nombreux parlementaires communistes, dont Antonio
Gramsci, sont arrêtés ; les associations
politiques et syndicales antifascistes
sont dissoutes et mises hors la loi ; un
Tribunal spécial pour la défense de
l'Etat est institué — des dirigeants de la
Milice y font office de juges ; la peine de
mort est rétablie. Abolition du principe
d'élection des administrations locales
et rétablissement de la peine capitale :
ces deux mesures sont caractéristiques d'un mouvement qui revient sur
l'ensemble des réformes libérales de la
fin du XIXe siècle.

Certains commentateurs de l'époque,
comme l'historien Lucien Febvre, fondateur de la revue des *Annales*, ont com-
paré ces lois avec celles adoptées par
le second Empire ; pour eux, le fascisme ne serait autre qu'une forme de "bo-
napartisme". Malgré de réelles simili-
tudes avec les régimes autoritaires de
type classique, le fascisme innove : l'instauration d'un parti unique sur le mode
d'une organisation paramilitaire de masse, parallèlement aux structures coerci-
tives traditionnelles de l'appareil d'Etat,

*En avril 1926, Mussolini
embarque à bord du cuirassé
Cavour à destination de
la Libye ; le sparadrap qui
lui recouvre le nez masque
la légère blessure causée
par le coup de revolver tiré
contre lui quelques jours
auparavant par l'Anglaise
Violet Gibson.*

La loi du 24 décembre 1925 redessine à l'intention de Mussolini les prérogatives quasi-absolutistes du "Chef du Gouvernement". Celui-ci n'est plus, comme à l'époque libérale, un président du Conseil des ministres soumis à l'investiture parlementaire, mais le fondé de pouvoir du roi : "Il est nommé et révoqué par le Roi devant lequel il est responsable de l'orientation politique générale du gouvernement"; il est l'incarnation suprême du pouvoir exécutif; il choisit ses ministres qui sont responsables devant le roi, mais aussi envers sa personne ; il décide du nombre des ministères et peut personnellement assumer la charge de plusieurs portefeuilles ; "il fait partie du Conseil de tutelle des membres de la famille royale et exerce les fonctions de chambellan de la Couronne"; les Chambres ne peuvent aborder aucune question sans son accord préalable ; "passé un délai de trois mois, il a le droit de représenter un projet de loi précédemment repoussé par l'une des deux Chambres"; de même il "peut transmettre et soumettre au vote de l'une des Chambres une proposition de loi rejetée par l'autre Chambre.(...) Quiconque attente à la vie, à l'intégrité physique ou à la liberté du Chef du Gouvernement est passible d'une réclusion dont la durée ne saurait être inférieure à quinze années, et en cas d'un attentat fatal, il est puni de la peine de mort. Quiconque porte offense en actes ou en paroles au Chef du Gouvernement est puni d'une peine de réclusion de six à trente mois".

En corollaire de ces dispositions, la loi du 31 janvier 1926 concède au pouvoir exécutif le droit d'édicter des normes juridiques en dehors de tout contrôle parlementaire. Mussolini explique à ses ministres l'objet de cette loi en ces termes: "Inutile de vous rappeler que ces dispositifs sont destinés à brider l'extension exagérée des compétences du pouvoir législatif, cette tendance pernicieuse qui s'est répandue depuis de nombreuses années et s'est encore renforcée durant les années de guerre et d'après-guerre"; la loi "détermine de manière exhaustive le champ de compétence du pouvoir exécutif et son droit à promulguer des normes juridiques de plein droit.(...) Cette loi occupe une place prééminente dans notre programme de réformes législatives (...), car elle rétablit l'équilibre et la clarté dans les relations entre les pouvoirs législatif et exécutif : elle rappelle le premier au respect de ses fonctions propres et assigne au second des attributions conformes à sa mission qui est de garantir le pouvoir immanent et la continuité de l'Etat, tuteur des exigences suprêmes, inaliénables dont la satisfaction s'avère d'une urgence impérieuse dans la vie complexe et multiforme de la Nation." ■

constitue la véritable spécificité de ce régime autoritaire du XXe siècle.

A cet égard, il convient de noter l'importance décisive de la métamorphose des années 1925 et 1926 ; irréversible, elle s'avérera indispensable pour le maintien du fascisme au pouvoir : ce n'est qu'à la suite de cette gigantesque "contre-réforme" que les organisations de masse du fascisme vont connaître un réel essor. Car, c'est en définitive l'Etat policier qui permet de construire l'Etat des masses. Entre ces deux ressorts fondamentaux du régime, la répression prime sur l'adhésion volontaire.

Le monde du travail

Le fascisme s'est employé à saper les fondements de l'Etat de droit tel qu'il s'était construit en Europe et en Italie depuis l'époque des Lumières — à l'exception du droit de propriété. Contrairement aux affirmations du régime, le fascisme ne révolutionne en rien le monde du travail. Au contraire, il rend pleinement compatible et réciproquement fonc-

Une séance du Tribunal spécial pour la défense de l'Etat, une juridiction d'exception constituée en novembre 1926 et composée d'officiers de la Milice. Le Tribunal spécial a pour mission de juger les opposants au régime.

Le réfectoire des usines
Perugina, à la fin des années
vingt. C'est entre 1926
et 1927 que le fascisme
met en place les structures
qui vont lui assurer un strict
contrôle sur le monde du travail.
Page 53. Edmondo Rossoni,
secrétaire général du syndicat
unique fasciste.

tionnel capitalisme et fascisme. En même temps que le ministère du Travail, le gouvernement abolit les cérémonies du Premier Mai, auxquelles il substitue la célébration du 21 avril, le "Noël de Rome". Conçu sous la houlette d'Alfredo Rocco, le nouveau Code du travail est promulgué le 3 avril 1926. Une magistrature spéciale du travail, destinée à concilier les litiges syndicaux, est instituée ; en revanche, le droit de grève des travailleurs tout comme le lock-out patronal sont interdits. La mesure n'est paritaire qu'en apparence car, en pratique les entrepreneurs s'affranchissent aisément des contraintes de la réglementation. Non content d'interdire toute activité syndicale, le fascisme réprime impitoyablement toute tentative de grève.

Le syndicat unique fasciste, dirigé par Edmondo Rossoni, s'érige en représentant de tous les travailleurs, y compris de ceux qui ne sont pas affiliés au syndicat : une cotisation obligatoire et forfaitaire est automatiquement prélevée sur le salaire de chacun.

Les déclarations fracassantes de la Charte du Travail édictée en 1927 n'ont d'autre but que de tenter de masquer, à l'aide de quelques promesses vagues et peu contraignantes, la dure réalité. Une discipline de fer règne dans les usines. Après la répression politique et syndicale, le maintien de l'emploi devient un objec-

tif prioritaire pour les ouvriers de centres industriels sinistrés ; mais dans l'Italie fasciste, le chômage reste à un niveau élevé, tant dans les villes que dans les campagnes. Le phénomène est aggravé par les quotas imposés par les Etats-Unis pour restreindre l'émigration traditionnelle. La pression sur les salaires s'accentue alors et la baisse du niveau de vie des ouvriers n'est accompagnée d'aucune contrepartie tangible. Inversement, la courbe des profits des entreprises connaît une hausse significative : mieux que de longs discours, cette double tendance permet de définir la véritable nature socio-économique du fascisme.

La stabilisation de la monnaie est l'un des objectifs prioritaires du gouvernement ; aussi le cours de la lire est-il artificiellement gonflé. La surévaluation est telle qu'elle met en danger certaines industries liées à l'exportation ; en revanche, cette politique de prestige satisfait les classes moyennes, ces millions d'employés à revenus fixes et de petits épargnants, dont le régime s'attire ainsi les suffrages. Cette ligne de conduite vaut à Mussolini, outre la reconnaissance de la finance internationale,

LA PERSÉCUTION DES OPPOSANTS

"Le citoyen qui commet ou contribue à commettre un acte visant à perturber l'ordre public du Royaume, ou qui pourrait causer des dommages aux intérêts italiens ou encore à entacher le prestige de l'Italie, et cela y compris si le fait incriminé ne constitue pas à proprement parler un délit, ce citoyen se voit retirer le bénéfice de sa citoyenneté. La déchéance est prononcée par un décret royal, sur proposition du ministre de l'Intérieur qui agit en concertation avec son collègue des Affaires étrangères, sur avis d'une commission réunie à cet effet ; présidée par un conseiller d'Etat, celle-ci se compose du directeur général de la Sûreté publique, d'un directeur général du ministère des Affaires étrangères désigné par son ministre, et de deux magistrats de cour d'appel désignés par le ministre de la Justice. Sur proposition de la susdite commission, il peut être prononcé, outre la déchéance de citoyenneté, le séquestre voire, dans les cas les plus graves, la confiscation des biens. Le décret de séquestre précise sa durée et l'affectation des intérêts produits par les biens concernés. L'acquisition éventuelle d'une citoyenneté étrangère postérieurement à la décision de mise sous séquestre n'a aucun effet libératoire sur les biens concernés. La déchéance de la citoyenneté italienne entraîne la perte automatique des titres, pensions ou dignités préalablement détenus ou acquis par l'individu déchu." ■
Loi du 31 janvier 1926.

"**1.** La Nation italienne est un organisme qui possède une vie, des objectifs et des moyens d'action supérieurs à ceux des individus ou des associations. Elle constitue une unité morale, politique et économique qui se réalise intégralement au sein de l'Etat fasciste.

2. Le travail, envisagé sous toutes ses formes — intellectuel, technique ou manuel —, est un devoir social. A ce titre, et uniquement à ce titre, il est soumis à la tutelle de l'Etat.(...)

3. L'organisation professionnelle ou syndicale est libre. Mais seul le syndicat légalement reconnu par l'Etat et soumis à son contrôle a le pouvoir de représenter l'ensemble des employeurs ou des travailleurs pour la défense desquels il s'est constitué ; (...) de même, il a le monopole des conventions collectives applicables à l'ensemble des membres d'une même branche de la production ; lui seul peut exercer les fonctions d'intérêt public qui lui sont déléguées et imposer le versement obligatoire de cotisations.(...)

6. Les associations professionnelles légalement reconnues assurent l'égalité juridique entre les employeurs et les travailleurs, elles maintiennent la discipline de la production et du travail et contribuent à son perfectionnement.Les Corporations constituent l'organisation unitaire de la production dont elles représentent intégralement les intérêts.(...) Les Corporations sont reconnues par la loi comme des organismes d'Etat (...)

7. L'Etat corporatiste considère l'initiative privée au sein du système productif comme l'instrument le plus efficace et le plus utile, et ce dans l'intérêt de la Nation. (...)

9. L'intervention de l'Etat dans la production économique n'a lieu que pour pallier les carences de l'initiative privée ou lorsque les intérêts politiques de l'Etat entrent en jeu. (...)

23. Le bureau de placement des travailleurs (...) est sous le contrôle des organismes corporatifs. Les employeurs ont l'obligation d'employer les travailleurs inscrits auprès de ces bureaux ; ils exercent leurs choix librement au sein de la liste qui leur est proposée, étant bien entendu qu'ils accordent la préséance aux membres du parti et des syndicats fascistes dans l'ordre d'ancienneté de leur inscription." ∎

Mussolini en compagnie de Giuseppe Bottai (à sa gauche), alors sous-secrétaire d'Etat aux Corporations.

quelques subsides concrets : les banquiers américains comme Leffingwell et Morgan, rendus confiants par cette politique qui s'accorde avec la phase de stabilisation de l'économie mondiale, consentent des prêts importants à l'Italie fasciste.

La bataille de l'autosuffisance

Plus violemment encore que dans les usines, le fascisme réaffirme le poids des hiérarchies sociales traditionnelles dans les campagnes. Toutes les conquêtes, même infimes, qui avaient été arrachées par les ouvriers agricoles et les métayers durant les années 1919 et 1920, sont annulées. Les maigres caisses de prévention concédées aux paysans sans terre sont dissoutes. Les propriétaires terriens réintroduisent des obligations de type semi-féodal, ce qui fait dire à l'économiste libéral Luigi Einaudi que l'Italie fasciste a "restauré l'esclavage de la glèbe".

Les mesures visant à rattacher les paysans à la terre ne sont guère couronnées de succès. Du sud vers le nord du pays, de la campagne vers les centres urbains, bien qu'occultées ou sous-estimées par les statistiques officielles, les grandes vagues de migration interne se poursuivent. Malgré les grandes déclarations de Mussolini sur la nécessité d'"évacuer les villes" et de valoriser "la force du nombre", le fascisme ne parvient pas à freiner l'exode rural et la baisse tendancielle de la natalité.

Le ruralisme archaïsant du chef du gouvernement découle notamment de son désir d'affaiblir l'"humus urbain moderne et industriel" où la plus grande partie des ouvriers est restée réfractaire aux sirènes du fascisme. Mais les campagnes continuent inexorablement à se dépeupler au profit des villes.

Sur le terrain de l'économie, le gouvernement lance la première de ses grandes campagnes de propagande, la "bataille du blé". Ainsi est abordé le problème crucial de l'autosuffisance alimentaire : dans le contexte de l'époque, cette campagne, qui affirme vouloir ga-

PROTEGGETE ED ACQVISTATE I PRODOTTI ITALIANI

*U*ne carte postale du Parti national fasciste invite à consommer des produits "autarciques". Le protectionnisme effréné entraîne une détérioration du niveau de vie des couches populaires.

Mussolini durant l'une des innombrables "batailles du blé" : il participe à la première récolte de Littoria (aujourd'hui Latina), la ville fondée au sud de Rome dans le cadre de la campagne de bonification des marais Pontins.

rantir à chacun sa juste part de pain italien, suscite un vaste écho dans les couches populaires. En réalité, l'autosuffisance céréalière ne sera jamais totalement atteinte et la promotion exclusive du blé au détriment d'autres cultures sera fondamentalement dommageable à l'agriculture italienne. Quoi qu'il en soit, la propagande qui exalte la production nationale et l'autarcie économique atteint son but essentiel : le mirage ruraliste fonctionne. L'une des plus célèbres photographies de Mussolini le représente torse nu en train de battre le grain à la manière d'un simple ouvrier agricole.

Un Etat dans l'Etat

La rupture fasciste ne s'est pas produite du jour au lendemain, après la "révolution des chemises noires" du 28 octobre 1922, exaltée par le régime. La conquête du pouvoir total a été graduelle, pavée de compromis et de négociations prudentes entre les diverses composantes du mouvement fasciste et de ses alliés.

Symboliquement, ce n'est qu'à la fin des années vingt que le Faisceau licteur s'impose comme l'emblème officiel de l'Etat italien et commence à figurer sur les timbres-poste et les documents officiels.

Durant la seconde moitié des années vingt, le régime, qui a assuré ses arrières, développe des orientations plus spécifiquement fascistes. En 1926, alors que le PNF revendique plus d'un million de membres, les nouveaux statuts du Parti sanctionnent le principe pyramidal de sélection des militants et des cadres de base par le sommet de la hiérarchie.

Aux côtés du parti, des syndicats et de la Milice, d'autres organismes d'encadrement des masses voient le jour. Les enfants, tout d'abord, sont mobilisés par tranches d'âge : de six à huit ans, garçons et filles sont fils de la Louve *(figli de la Lupa)* ; de huit à douze ans, les garçons sont enrégimentés dans l'*Opera nazionale Balilla* (ONB) — du nom d'un jeune patriote tombé sous les balles autrichiennes en 1746 —, tandis que les filles deviennent des Petites Italiennes *(Piccole Italiane)*. Puis de douze à dix-huit ans, les garçons passent chez les avant-gardistes *(Avanguardisti)* et les filles chez les Jeunes Italiennes *(Giovani Italiane)* ; enfin, de dix-huit à vingt et un ans, les premiers appartiennent aux Jeunes Fascistes *(Giovani Fascisti)*, les secondes aux Jeunes Femmes fascistes *(Giovani Fasciste)*, avant d'entrer respectivement dans le PNF et les Faisceaux féminins *(Fasci femminili)*. Quant à l'*Opera nazionale Dopolavoro* (OND), elle prétend régir les loisirs des travailleurs ; ces organisations sont toutes promises à un vaste essor au cours des années trente.

La technique mussolinienne du "double Etat" — conquête de l'appareil d'Etat et contrôle des instruments du pouvoir par des institutions spécifiquement fascistes — est désormais achevée. Pourtant, depuis 1922, le chef du gouvernement s'est révélé partisan d'un étatisme à outrance et il subordonne les prérogatives du secrétaire fédéral du PNF aux pouvoirs du préfet. Dans le droit fil de cette stratégie dualiste, Mussolini

En 1928, cette affiche de propagande invite à participer au concours national pour la "Victoire du Blé". Malgré tous les efforts consentis par le fascisme, l'Italie ne parviendra jamais à assurer son autosuffisance céréalière. Du reste, la promotion exclusive des cultures céréalières au détriment d'autres plantations se révélera dommageable à l'agriculture.

entérine en 1928 la complémentarité totale des organes fascistes et de l'appareil d'Etat et proclame la "constitutionnalisation" du Grand Conseil du fascisme. Ce terme recouvre en fait la reconnaissance officielle du Grand Conseil et n'a pas grand-chose à voir avec une véritable constitution. Le vieux Statut concédé par Charles-Albert en 1848 reste d'ailleurs formellement en vigueur, même s'il est remis en cause dans la réalité. Mussolini déclare ainsi : "La constitution qui est encore la nôtre convient à l'Italie comme le sarrau d'un enfant à une grande belle femme. En 1848 (année du

Un groupe d'enfants embrigadé dans l'Opera nazionale Balilla. Dans les années trente, le fascisme cherche à bâtir le consensus national au moyen de diverses organisations de masse, dont l'Opera nazionale Dopolavoro qui régit les loisirs des travailleurs.

Statuto), le Piémont était un vigoureux petit royaume et l'Italie n'avait pas d'existence propre. La presse, l'extension des villes, la grande industrie, les grandes voies de communication, tout un nouvel univers. A présent, le sarrau est trop court, trop étroit, et en lambeaux. Pourquoi donc ? A force de déchirures et de raccommodages, il ne tient plus. Changeons-le donc. Ce n'est d'ailleurs qu'un moyen..."

A partir de 1928 donc, le Grand Conseil n'est plus un organisme semi-occulte, il s'impose comme l'un des piliers juridiques de l'Etat et s'arroge notamment des compétences qui empiètent sur les prérogatives royales ; c'est ainsi qu'il s'autorise d'interférer dans les règles de succession du trône, un privilège jusqu'alors jalousement gardé par la Maison de Savoie.

L'accord avec l'Eglise

Une fois réglés les rapports avec la monarchie et l'armée, les propriétaires fonciers et les industriels — au moyen d'accords passés au sommet entre les oligarchies sociales et économiques —, reste à résoudre le problème crucial d'un accord avec l'Eglise, seul à même d'apporter au régime un soutien de masse effectif et durable.

La signature des accords du Latran va constituer le point d'orgue du processus de conquête et de consolidation du pouvoir par les fascistes.

Ces accords sont cosignés le 11 février 1929 par Mussolini et le cardinal Pietro Gasparri ; au terme de longues tractations diplomatiques, ils mettent un point final à la "question romaine", cette fracture violente créée lors de la conquête des Etats de l'Eglise par l'Italie du Risorgimento en 1870.

Les accords du Latran se décomposent en trois volets : un traité sanctionne la reconnaissance diplomatique réciproque de l'Italie et du Saint-Siège qui devient par là même l'Etat souverain d'un minuscule territoire ; par une convention financière, l'Etat italien s'engage à réparer les dommages subis par l'Eglise soixante ans auparavant, lorsque les troupes piémontaises avaient réduit les Etats pontificaux à la région de Rome. Le troisième volet est de loin le plus important pour la so-

Le 11 février 1929, Mussolini et le cardinal Gasparri signent les accords du Latran : ceux-ci entérinent la reconnaissance réciproque du Saint-Siège et du Royaume d'Italie, prévoient le versement d'indemnités pour les dommages subis par la papauté en 1870 et fixent par concordat les rapports entre l'Eglise et l'Etat italien.

Le pape Pie XI bénit la foule rassemblée à Saint-Jean de Latran, la cathédrale de Rome, le 25 mai 1933. C'est la première sortie d'un souverain pontife hors de son enceinte du Vatican depuis 1870 ; Pie IX avait alors choisi la réclusion volontaire dans ses palais du Vatican pour protester contre l'occupation de Rome par le royaume d'Italie.

ciété italienne, puisqu'il déclare le catholicisme "seule religion de l'Etat" italien, supprimant ainsi le caractère laïque de l'Etat affirmé par les pères fondateurs de l'unité italienne : le mariage catholique est reconnu par l'état civil ; les prêtres sont exemptés du service militaire ; l'enseignement de la religion catholique, "fondement et consécration de l'instruction publique", est rendu obligatoire dans toutes les écoles du royaume ; enfin, le "caractère sacré de la Ville éternelle" est proclamé — en tant que siège pontifical, Rome devient une "capitale internationale".

En dépit de ces concessions importantes, les accords du Latran assurent à Mussolini un incontestable succès de prestige. Dès lors, l'iconographie officielle associe, aux côtés du souverain, le pape et Mussolini, ce dernier étant, selon les propres mots de Pie XI, "l'homme que la Providence nous a envoyé".

Cet accord historique satisfait incontestablement les deux parties, mais les modalités de son application vont évoluer au fil du temps. L'Eglise, qui a obtenu avec

la reconnaissance de l'Action catholique l'unique déro-
gation du régime à sa loi sur les associations, se prépare dès lors à une lente et solide reconquête de la
société civile, qui va se perpétuer bien au-delà de la
disparition du fascisme : les accords du Latran seront
insérés dans l'article 7 de la constitution républicaine
de 1948, et le concordat ne sera soumis à révision
qu'en 1984.

De son côté, Mussolini peut aborder en toute séré-
nité le test plébiscitaire qui suit immédiatement les
accords du Latran. En mars 1929, à l'issue d'une brève campagne durant laquelle le clergé s'est révélé comme l'un des plus ardents agents électoraux du régime,
le "oui" l'emporte avec plus de 90 % des suffrages. En
Italie, Benito Mussolini est alors au faîte de sa popularité ; sa figure s'impose comme une référence aux
yeux des quelque quatre cents millions de catholiques
du monde entier.

Dans un élan unanime, Mussolini et des dignitaires de l'Eglise gratifient le souverain pontife d'un salut romain. Selon les propres mots de Pie XI, Mussolini est "l'homme que la Providence nous a envoyé".

Sur le plan international, le dictateur ne va pas se
priver de jouer de cette nouvelle stature d'homme intè-
gre, rassurant et pacifique, que l'Eglise va lui ériger en
échange de ses concessions du Latran.

Chapitre 4

À LA RECHERCHE
DU CONSENSUS

POUR ÉLARGIR LES BASES DU CONSENSUS POPULAIRE, LE RÉGIME FASCISTE PEAUFINE SES INSTRUMENTS DE PROPAGANDE : DE LA RADIO AUX ORGANISATIONS DE MASSE ET AUX MANIFESTATIONS SPORTIVES, RIEN N'EST LAISSÉ AU HASARD.

Depuis quelques années, une polémique oppose les historiens sur la nature et l'ampleur du consensus de la population autour du fascisme. Il est certain que, pour se maintenir au pouvoir, le régime n'a pas uniquement recouru à la violence et à la coercition. Quant au degré d'adhésion des masses, à leurs motivations ouvertes ou cachées, à l'évolution de leurs sentiments à l'égard du fascisme au cours des vingt années du régime, le débat reste ouvert. Malgré le recul, le sujet est encore brûlant et suscite de nombreuses controverses en Italie comme à l'étranger.

Le terme de "consensus" est lui-même sujet à caution ; idéalement, on ne saurait l'atteindre de manière positive que dans le cadre d'institutions démocratiques, capables de délivrer des informations contradictoires et de présenter des alternatives, en bref au terme d'un débat nécessaire à l'expression d'un jugement politique. Du reste, les fascistes eux-mêmes, à commencer par Mussolini et le philosophe du régime Giovanni Gentile, se sont toujours défiés de ce terme, considérant qu'entre consensus et force, cette dernière devait prédominer. Plutôt que de chercher à s'attacher le soutien d'une majorité aux contours bien définis — ce qui aurait impliqué, a contrario, l'existence d'une minorité dissidente —, le régime s'est efforcé de susciter un unanimisme bien souvent formel, qui trouve son expression favorite dans les acclamations d'une foule disciplinée pour le chef omnipotent.

Mussolini assiste à une épreuve de gymnastique au Foro Mussolini de Rome. L'exaltation de la culture physique par le fascisme est un des instruments de la quête du consensus de masse, mais aussi un vecteur de la militarisation progressive du pays.

En 1930, Giovanni Giuriati (au centre) accède aux fonctions de secrétaire général du Parti national fasciste. Sa tentative pour réviser les adhésions dans un sens plus restrictif échoue; dès l'année suivante, il doit passer la main à Achille Starace (à droite).

Avec les années, la consolidation du fascisme s'est cependant accompagnée d'un affinement incontestable des instruments de propagande qui lui avaient permis de recruter ses premiers fidèles, militants "civils" ou squadristes. La recherche constante d'adhésions nouvelles s'opère selon diverses techniques; celles-ci connaîtront des hauts et des bas, et les hésitations stratégiques sont nombreuses. Ainsi pour le rôle du PNF: s'agit-il de promouvoir un organe d'élite, avant-garde culturelle et politique de la nation, ou de ratisser le plus large possible, quitte à susciter un gonflement opportuniste des inscriptions? En 1926, la première option prévaut, et la liste des militants est déclarée close.

En 1930-1931, le secrétaire national Giovanni Giuriati procède à une sévère épuration des listes, dont il parvient à rayer près de deux cent mille noms; mais les remous sont tels que Mussolini doit se séparer de Giovanni Giuriati et se doter d'un nouveau secrétaire national. Ce sera Achille Starace, un homme d'appareil, qui opère un virage radical: aussitôt, il relance la campagne d'inscriptions, et les résultats dépassent toutes les espérances. On enregistre rapidement plus d'un million d'adhésions : le PNF devient une énorme machine bureaucratique à laquelle il est quasiment obligatoire d'adhérer, que ce soit pour participer à un concours public ou exercer un emploi dans l'administration. La verve populaire transforme dès lors la signification du sigle PNF : *Per Necessità Familiare*, "Par Nécessité Familiale" !

La collaboration des intellectuels

Dans le domaine de la culture, le fascisme se distingue par plusieurs tentatives pour s'attirer le soutien des intellectuels. Bien avant la prise du pouvoir, Mussolini fréquentait certains milieux artistiques et littéraires d'avant-garde, et Marinetti, le chef de file du mouvement futuriste, avait compté parmi les fondateurs des Faisceaux. Depuis, Mussolini s'est efforcé d'établir des liens personnels solides avec les intellectuels de la droite libérale et nationaliste. En 1925, Giovanni Gentile inspire un *Manifeste des intellectuels fascistes*. Benedetto Croce réplique immédiatement par un

Représentation équestre d'Achille Starace (1889-1945) en 1931, alors qu'il préside un camp des Jeunesses fascistes, dressé dans une pinède de la campagne romaine. Starace, qui enterre le programme de rénovation de son prédécesseur, restera en fonctions à la tête du PNF jusqu'en 1939.

Détail de l'architecture monumentale du quartier de l'EUR à Rome, édifié pour accueillir l'Exposition universelle de 1942. On reconnaît en haut le palais de la Civilisation italienne et la place impériale.

contre-manifeste libéral ; celui-ci affirme que la culture ne saurait être abandonnée à l'Etat et réunit des signatures prestigieuses. Mais la force d'attraction du pouvoir en place, l'accoutumance à un climat autoritaire et le phénomène toujours plus diffus d'un certain conformisme ambiant vont pousser une grande partie des intellectuels à collaborer avec le régime.

Le vieux "prophète" Gabriele d'Annunzio, pourtant tenu à l'écart par Mussolini, est honoré par le fascisme comme l'un de ses précurseurs les plus illustres. Le plus célèbre dramaturge de l'époque, Luigi Pirandello, proclame sa foi dans le fascisme. Le savant Guglielmo Marconi sert la propagande d'un régime qui le récompense en l'élevant aux plus hautes distinctions : après la présidence du Conseil national de la recherche scientifique — créé en 1923 —, il décroche celle de l'Académie italienne, fondée en 1926. L'*Enciclopedia Italiana*, la grande entreprise éditoriale du régime, menée sous la direction de Gentile, a pour ambition de réunir l'ensemble des ressources intellectuelles du pays sous l'enseigne de la concorde nationale. Une cohorte de journaux et de revues, chaque jour plus nombreux, exalte le fascisme et son chef.

Les éditions actuelles de la plus célèbre encyclopédie italienne, réalisée sous la direction du philosophe Giovanni Gentile ont conservé l'article "Fascisme" rédigé par Mussolini lui-même. Paru pour la première fois en 1932 en volume dans l'Enciclopedia Italiana, ce texte a été réimprimé dans des fascicules tirés à des centaines de milliers d'exemplaires ; il figure en préface du nouveau statut du PNF de 1938.

"Durant les années qui précédèrent la Marche sur Rome, les contraintes de l'action ne permirent pas au mouvement de procéder à une élaboration doctrinale complète. (...) Les fondements de la doctrine fasciste furent jetés alors même que la bataille faisait rage. C'est précisément au cours de ces années que la pensée fasciste devient une arme redoutable et jette les bases de son organisation. (...) La lutte contre les doctrines libérales, démocratiques, socialistes, maçonniques ou populistes est alors conduite de pair avec les "expéditions punitives". (...) Le Fascisme a aujourd'hui acquis son identité propre non seulement en tant que régime, mais aussi en tant que doctrine.(...) La philosophie du Fascisme, en regard de l'avenir et du développement général de l'humanité, ne croit pas plus à la possibilité qu'à l'utilité d'une paix perpétuelle entre les nations. C'est en ce sens qu'il rejette le pacifisme bêlant, lâche renoncement à la lutte et au sacrifice. Seule la guerre permet de libérer totalement les énergies humaines et de donner ses lettres de noblesse aux peuples qui ont le courage et les vertus nécessaires pour l'affronter. (...) Cet esprit antipacifiste, le Fascisme le transpose également au sein de la sphère individuelle. Le slogan orgueilleux des squadristes : *me ne frego !* [je m'en fous !], inscrit sur les bandages d'une blessure, est la manifestation d'une philosophie qui n'est pas seulement stoïque, c'est la quintessence d'une doctrine qui n'est pas seulement politique ; c'est aussi l'éducation au combat, l'acceptation des risques qu'il comporte : c'est un nouveau style de vie italien.(...) Le Fascisme rejette les embrassades universelles ; tout en faisant partie de la communauté des peuples civilisés, il observe ces derniers d'un œil méfiant ; attentif à leurs états d'âme et à la transformation de leurs intérêts, il ne se laisse pas tromper par des apparences mouvantes et fallacieuses. (...) Le Fascisme (...) affirme l'inégalité irrémédiable et féconde entre les hommes." ■

En 1933, Mussolini inaugure le congrès des Instituts fascistes de culture . On reconnaît sur la gauche Giovanni Gentile (1875-1944), inspirateur du grand projet de l'Enciclopedia italiana.

A partir de 1931, un serment de fidélité au régime est imposé aux universitaires ; seuls onze d'entre eux refuseront de le prêter. Les premières facultés de sciences politiques, créées à la fin des années vingt, ouvrent un espace de propagande nouveau, au sein duquel sont inculquées la doctrine du fascisme et l'idéologie corporatiste.

Professeurs d'université, professions libérales, hauts fonctionnaires — militaires, juges, diplomates et administrateurs civils —, tous ont de manière générale témoigné fort concrètement de leur adhésion au régime ; on compte certes de nombreuses exceptions, mais ces dernières se sont révélées incapables d'aller au-delà d'une manifestation silencieuse de refus. Les partisans les plus enthousiastes du fascisme se recrutent parmi les étudiants et les jeunes intellectuels en quête de reconnaissance. Mais ces adhésions véritables, fort utiles pour le régime, sont dans l'ensemble

Balilla et Petites Italiennes chantent devant un micro de l'Agence italienne des auditions radiophoniques (EIAR). L'EIAR s'impose comme l'un des principaux moyens de propagande du régime.

cantonnées au cercle des élites. Aussi, au début des années trente, Mussolini lance-t-il son nouveau mot d'ordre : *Andare al popolo !* ("Aller au peuple !"). Ce slogan reflète à la fois une exigence fasciste et la prise de conscience d'une influence encore trop limitée. L'objectif initial d'un "consensus populaire" profond et enraciné est loin d'être atteint.

Dans les domaines de l'art et de la culture, le fascisme entend promouvoir une politique "nouvelle". Presque chaque courant pictural bénéficie du soutien de l'un ou l'autre dirigeant fasciste — voire de celui du Duce en personne. En pratique, cette attitude aboutit à des séries de compromis et à un éclectisme qui finissent par mécontenter tout le monde, les futuristes comme les "passéistes", les épigones de l'avant-garde et ceux du vérisme, Marinetti et Soffici, Sironi et Rosai, les tenants de "Strapaese" et ceux de "Stracittà". Tandis que Farinacci patronne le "prix Cremone", de tendance traditionnelle mais clairement fasciste, Bottai soutient le "prix Bergame" et les créateurs d'inspiration *novecentista* et moderniste. Le grand médiateur et patron de la Mostra cinématographique de Venise est le comte Volpi, éminence grise du pouvoir politique et économique. L'allégeance au régime des auteurs et des créateurs est d'autant plus facilement acquise que l'Etat se trouve être le principal commanditaire de leurs œuvres.

Dans le domaine architectural, les "rationalistes" produisent quelques œuvres remarquables, comme la Maison du Faisceau à Côme, de Terragni, ou encore la nouvelle gare de Florence, de Michelucci. Le style monumental et emphatique, fondamentalement néoclassique, prédomine cependant dans les édifices publics, dont la construction, sous-tendue par une logique spéculative, provoque l'éventration de centres historiques, comme à Rome ou à Brescia, sous la houlette de Piacentini. Le gigantisme est également à l'honneur dans le chantier de l'EUR, édifié aux portes de Rome pour abriter l'Exposition universelle de 1942.

Une couverture de Radiorario, *le magazine des programmes de l'EIAR, l'Agence italienne des auditions radiophoniques.*

Le style "ruraliste" et "latin" caractérise les nouvelles cités fascistes, aux noms grandiloquents : Sabaudia, Littoria, Fertilia, Pontinia, Carbonia.

Le fascisme s'intéresse tout particulièrement à l'art cinématographique, créant un organisme dévolu à la promotion du cinéma national, ainsi que les studios de production de Cinecittà, à Rome. La majorité des films réalisés s'apparente au genre, mièvre, apolitique et résolument bourgeois, des "téléphones blancs", même s'il existe quelques films de propagande (reconstitution de la Marche sur Rome et de l'"épopée" squadriste, documentaires sur les œuvres du régime et pastiches de l'histoire romaine ou médiévale qui annoncent et glorifient le fascisme. L'art cinématographique, par définition l'un des plus surveillés sous un régime dictatorial à tendance totalitaire, va du moins permettre à une génération de réalisateurs de faire ses premières armes, celle qui marquera l'histoire du cinéma italien de l'après-guerre : les Antonioni, De Sica, Blasetti, Rossellini, Soldati, et autres Visconti.

*P*aris 1938 : emmenée par Vittorio Pozzo, l'équipe nationale italienne, qui vient de remporter la coupe Rimet, pose pour la postérité... et la propagande. Le régime saura exploiter les performances du football italien ; l'Italie avait déjà remporté la coupe du monde 1934 à Rome et décroché la médaille d'or lors des jeux Olympiques de Berlin en 1936.

La diffusion d'une culture de masse

Mussolini venait à peine de prendre la tête du gouvernement qu'il put tirer parti, dès 1924, d'un nouvel instrument dont l'impact sera extraordinaire : la radio. Perfectionnée au cours des années, centralisée au sein d'un seul organisme d'Etat (l'EIAR), la radio émet jusque dans les villages les plus reculés ; la voix du Duce y exerce une incontestable fascination : c'est le premier dirigeant italien qui s'adresse directement au peuple et sait se rendre accessible à tous, y compris à ceux qui ne savent ni lire ni écrire. La présence constante et diffuse du régime au moyen de la radio a sans doute eu un effet supérieur à tous les autres moyens de propagande ; dans certains villages, Mussolini est tellement populaire qu'on le prend pour le roi d'Italie ! Quant aux *cinegiornali* diffusés en première partie dans les programmes de cinéma, il sont également l'un des vecteurs privilégiés de la propagande mussolinienne.

L'Œuvre nationale du Dopolavoro a également été un instrument utile pour attirer les masses dans l'orbite du régime. En organisant pour la première fois le temps libre, le fascisme délivre aux adhérents du Dopolavoro quelques avantages réels : billets de théâtre ou de cinéma à prix réduits, excursions touristiques à bord de "trains populaires" spécialement affrétés pour l'occasion, terrains de pétanque, clubs de rencontres et tournois de jeux de cartes…

Le Dopolavoro, qui n'est pas un organisme directement politique, suscite un réel engouement populaire. Il s'impose comme la plus grande organisation de masse de l'Italie fasciste, précisément en vertu de ce

Learco Guerra (1902-1963) vole vers la victoire dans le Giro d'Italie de 1934. Le fascisme s'appuie sur les succès de Guerra (cinq fois champion d'Italie, champion du monde en 1933) et de Bartali (vainqueur du Giro d'Italie en 1936 et 1937, vainqueur du Tour de France 1938) pour sa propagande extérieure et la diffusion d'une culture fasciste de masse.

Deux exemples de construction du consensus : une fête de quartier à Rome en 1933 et une leçon de tricot dispensée dans un dopolavoro *féminin à la fin des années vingt.*

caractère apolitique. Par l'intermédiaire des syndicats ou du Parti, il remplit également des fonctions d'assistance sociale : cadeaux pour les enfants pauvres à l'occasion des "étrennes fascistes" ; colonies de vacances "héliothérapiques" pour raffermir la santé des enfants démunis ; conseils juridiques pour aider au dépôt d'une demande de pension ; cours de couture pour les jeunes filles à marier ; compléments d'allocations pour les familles "méritantes" riches d'une douzaine d'enfants et dont les photographies au grand complet envahissent les couvertures des magazines afin d'"exalter la prolificité de la race". Pour modeste qu'il soit, ce saupoudrage social est apprécié par les millions de foyers dont il vient améliorer un ordinaire frugal, voire misérable.

Le sport est l'objet de toutes les attentions. Systématiquement exploité, il devient un élément à part entière de la culture de masse. Les victoires remportées sur les terrains de football et dans les grandes courses cyclistes alimentent l'amour propre et la fierté nationale de millions d'Italiens, qui vibrent aux exploits de leurs champions : les victoires de l'équipe nationale lors des coupes du monde 1934 et 1938, les succès des cyclistes Learco Guerra et Gino Bartali sont répercutés dans l'ensemble de la péninsule, où ils provoquent d'immenses manifestations de joie. Le sport et, de façon plus générale, l'accent porté par le fascisme sur la "culture physique" sont des vecteurs privilégiés de diffusion d'une idéologie guerrière qui rythme la vie des Italiens et prépare une militarisation croissante de la société. Les rites virils des "samedis fascistes", obligatoires pour tous les étudiants, occupent une part importante de leurs loisirs. Les marches et

les feux de camps imposés lors de l'instruction paramilitaire de la Milice sont accueillis avec un enthousiasme relatif. Quoi qu'il en soit, le fascisme obtiendra
par ce biais des succès qui vont au-delà d'une simple
participation formelle aux innombrables parades et autres manifestations en tous genres.

Le fascisme utilise aussi les folklores locaux pour
faire vibrer une fibre régionaliste très vivace. Outre les
festivités traditionnelles, de nombreuses coutumes qui
s'étaient perdues dans la nuit des temps sont revivi-
fiées quand elles ne sont pas parfois inventées de toutes pièces.

Cette volonté du régime d'occuper le moindre espace de la vie publique et de la sociabilité traditionnelle
va s'accentuer au cours des années trente.

La "troisième voie" et le corporatisme

On a soutenu que le fascisme, qui se caractérise d'a-
bord par un nationalisme et un impérialisme exacer-
bés, était éclectique de nature, ne trouvant son unité
profonde que dans la juxtaposition de ses refus : refus
de la démocratie, du socialisme, du pacifisme, de l'hu-
manitarisme, du libéralisme, du parlementarisme...

*La "fontaine du vin" à Marino,
aux environs de Rome, lors de
la fête des vendanges en 1928.
Les diverses kermesses et
fêtes populaires traditionnelles
— dans certains cas redé-
couvertes, parfois créées
de toutes pièces — sont l'un
des champs d'intervention
favoris du Dopolavoro.*

Le décret royal du 2 juillet 1926 crée le ministère des Corporations, ainsi qu'un Conseil national des corporations. Mais c'est seulement le 5 février 1934 qu'une loi définit les objectifs et les fonctions des corporations. Celles-ci rassemblent "les représentants des différentes branches de l'activité économique". Chaque corporation "élabore les normes du règlement collectif définissant les rapports économiques et celles d'une discipline unitaire de production";

trations publiques compétentes. Le chef du Gouvernement peut, par décret, décider que pour certaines questions, les pouvoirs publics requièrent l'avis des corporations compétentes ; toute tentative de conciliation lorsqu'il y a litige, est du ressort de la corporation par l'intermédiaire d'un Collège de conciliation, composé de membres de la corporation elle-même, choisis tour à tour par son président, selon la nature et l'objet du conflit".
Les vingt-deux corporations sont réparties comme suit :

ction ; Verre et céramique ; Télécommunications ; Transports maritime et aérien ; Spectacle ; Tourisme ; Arts et métiers ; Prévoyance sociale et Crédit. Enfin, par la loi du 19 janvier 1939, "la Chambre des députés disparaît avec la fin de la XXIXᵉ Législature. Elle est remplacée par une Chambre des Faisceaux et des Corporations (...) formée des membres du Conseil national du Parti national fasciste et des membres du Conseil national des corporations.(...)
Le Duce du fascisme, chef du gouvernement, siège de droit à la Chambre des Faisceaux et des Corporations, de même que les membres du Grand Conseil du fascisme. Les conseillers nationaux jouissent des prérogatives attribuées aux députés par le Statut royal. (...) Les conseillers nationaux sont déchus de leur charge dès lors qu'il y a déchéance de leur fonction au sein des Conseils qui forment la Chambre des Faisceaux et des Corporations. (...) Les travaux du Sénat et de la Chambre des faisceaux et des corporations sont répartis en législatures. La fin de chaque législature est fixée par décret royal, sur proposition du Duce du fascisme, chef du gouvernement.(...) Pour exercer leur traditionnelle fonction législative, les deux assemblées sont périodiquement convoquées par le Duce du fascisme, chef du gouvernement." ■

elle établit "les tarifs des prestations et des services économiques, ainsi que les prix des biens de consommation offerts au public à des taux privilégiés ; elle donne son avis sur toutes les questions qui concernent le secteur d'activité pour lequel elle a été instituée, sur sollicitation des Adminis-

Céréales ; Culture potagère, florale et fruitière ; Production viticole, vinicole et huilière ; Elevage et pêche ; Bois ; Produits textiles ; Habillement ; Sidérurgie et Métallurgie ; Mécanique ; Chimie ; Combustibles liquides et Carburants ; Papier et Imprimerie ; Entreprise du bâtiment ; Eau, gaz et électricité ; Industrie d'extra-

La salle centrale du Palais des Corporations.

Aussi la création la plus originale du fascisme semble-t-elle bien être le corporatisme. Par son biais, le fascisme cherche à promouvoir un nouveau système d'organisation de l'économie et des rapports de classes ; il affirme inaugurer ainsi une "troisième voie" entre le capitalisme libéral et le socialisme d'Etat à la mode soviétique.

Le corporatisme va susciter un intérêt et un engouement certains à l'étranger, surtout durant les années de crise qui font suite au krach boursier d'octobre 1929. La propagande fasciste va exploiter à fond cette fascination ambiguë et multiforme pour le modèle corporatiste. Dans la première moitié des années trente, le corporatisme fasciste se conjugue aisément avec le renouveau du corporatisme traditionnel d'inspiration catholique qui sévit alors au Portugal et en Autriche.

La Corporation du Crédit. *Cette tapisserie allégorique a été dessinée par Ferruccio Ferrazzi en 1932 pour servir de décor au palais des Corporations de Rome. Les vingt-deux corporations censées représenter l'ensemble du monde du travail ont été nominalement instituées en 1926, mais elles n'entreront en vigueur qu'à partir de 1934.*

Mais en quoi consiste vraiment le corporatisme fasciste, tel du moins qu'il est mis en œuvre en Italie ?

Dès 1926, le gouvernement a créé un ministère des Corporations, sans pour autant en préciser ni les objectifs ni les attributions. Si un Conseil national des corporations voit bien le jour en 1930, ce n'est qu'en 1934 que sont instituées les vingt-deux corporations destinées à regrouper la "représentation des intérêts" ; en 1939, la Chambre des députés est rebaptisée et se pare du nouveau titre de Chambre des Faisceaux et des Corporations.

Si le rituel revient comme une litanie dans la propagande et la nomenclature fasciste, l'arsenal juridique qui le compose et qu'il suscite est en revanche passablement indigent ; il ne porte jamais que sur des champs

Le régime fasciste et le monde industriel entretiennent des relations privilégiées. Galeazzo Ciano est ici en compagnie de Alberto Pirelli.

En 1932, Giovanni Agnelli présente à Mussolini la sortie de la Fiat "Balilla", la première automobile italienne de grand tourisme.

d'activité limités ou marginaux : les fonctions du système sont essentiellement consultatives. Le corporatisme ne remet en cause ni la propriété privée des moyens de production ni le contrôle exercé par les grands groupes sur l'économie nationale. Même les interventions de l'Etat dans le secteur financier et industriel se font sans passer par le biais de l'édifice corporatiste. En fin de compte, les corporations auront essentiellement une fonction de propagande. Instauré au nom des "intérêts supérieurs de la nation", le prétendu caractère paritaire de la représentation des intérêts est en réalité fort biaisé.

Les corporations sont régies selon des principes analogues : les représentants du patronat d'un secteur déterminé de la production disposent d'un nombre de sièges égal à celui de leurs employés. Cela ne signifie pas pour autant que ces derniers jouissent de droits égaux à ceux des entrepreneurs, ni que le monde du travail ait été élevé à la dignité des capitaines d'industrie, encore moins que l'Etat fasciste soit parvenu à réaliser l'union des classes. Les représentants des travailleurs ne sont jamais issus du milieu qu'ils sont censés représenter ; ce sont des syndicalistes fascistes ou des politiciens professionnels mis en place afin d'avaliser les décisions prises par la partie adverse.

Les intérêts capitalistes acquièrent ainsi un pouvoir tel qu'ils sont à même de différer ou d'enterrer les me-

La corporation de l'Industrie, autre tapisserie réalisée par Ferruccio Ferrazzi pour le palais des Corporations.

Si le projet corporatiste n'a pas fourni de véritables solutions économiques ou sociales, il a en revanche servi à canaliser les enthousiasmes, notamment dans le monde étudiant.

sures qui leur déplaisent ; en pratique, les affaires concernant le monde du travail sont traitées directement entre le gouvernement et la Confindustria. Les corporations ne fonctionnent au mieux que comme une chambre d'enregistrement ; au pire, on se passe de leur accord, même formel.

Le corporatisme sert en réalité à mobiliser les forces vives de la nation autour d'un projet autarcique de plus en plus nécessaire aux ambitions impérialistes du fascisme.

Si le projet corporatiste n'a pas fourni de véritables solutions économiques ou sociales, il a en revanche servi à mobiliser les ardeurs d'un grand nombre de personnes, notamment dans le monde étudiant ; il accélère le processus de préparation psychologique à un climat de guerre permanente.

Malgré son insignifiance pratique, le corporatisme suscite l'enthousiasme chez beaucoup de jeunes fascistes, pour lesquels il confère un contenu positif à l'idéologie dont ils se réclament. Les souvenirs du jeune Ruggero Zangrandi, jeune "fasciste de gauche" passé à l'opposition en 1939, offrent à cet égard un témoignage de l'intérieur tout à fait éclairant.

"On n'était guère d'accord sur la nature de la Corporation. Les uns, remontant presque aux origines, mettaient l'accent sur son rôle économique, les autres insistaient sur l'aspect politique. Tantôt on soulignait ses antécédents syndicaux, et tantôt son importance du point de vue des affaires. D'autres enfin n'envisageaient le système corporatif que dans chacune de ses activités professionnelles prise séparément (la culture des céréales, par exemple, devant demeurer distincte du commerce des grains et de ses dérivés). Il y avait les partisans de la production intensive et ceux qui préconisaient des régimes différents selon les activités; il y avait les méfiants qui redoutaient que le corporatisme n'entraînât la ruine des syndicats, et ceux qui, au contraire, le réclamaient d'urgence pour éviter l'émiettement stérile et le déclin de l'action syndicale. Il y avait enfin ceux qui parlaient d'une corporation propriétaire, et ceux qui pour rien au monde n'auraient admis cette conception, jugée par eux trop radicale. (...) Le principe établi, rien n'empêchait que, graduellement et au moment opportun, la Corporation (une sorte de soviet, en somme) décidât, dans l'intérêt supérieur de la nation, d'éliminer la propriété privée et de diriger, de coordonner toutes les activités d'une même branche de la production au profit exclusif des "producteurs" (...) et des consommateurs, c'est-à-dire du peuple tout entier. N'était-ce pas exactement ce qu'affirmait le programme fasciste de 1919?"

R. Zangrandi, *Le long voyage à travers le fascisme*, Robert Laffont, Paris, 1963.

Mussolini s'adressant aux ouvriers de la Fiat.

Chapitre 5

L'ITALIE
EN CHEMISE NOIRE

MALGRÉ TOUS SES EFFORTS POUR ACCAPARER LE MOINDRE ES-
PACE DE POUVOIR, LE RÉGIME FASCISTE NE PARVIENT À IMPOSER
QU'UN TOTALITARISME IMPARFAIT. CAR LE PAYS LUI MANIFESTE
PARFOIS SON OPPOSITION, LE PLUS SOUVENT SON INDIFFÉRENCE.

L e fascisme au pouvoir tiendra peu de ses promesses initiales et l'écart entre la propagande qu'il administre et ses réalisations effectives ne va cesser de s'accroître. Pour beaucoup, l'ampleur de cet écart est l'une des causes essentielles de la grave crise de légitimité qui l'affectera au début des années quarante. Si le fascisme a besoin d'élargir son assise populaire afin d'augmenter son autonomie politique et son pouvoir de négociation vis-à-vis des diverses composantes "historiques" qui ont permis l'avènement du régime, il ne peut cependant en appeler à l'initiative des masses et encore moins favoriser leur maturation politique.

Mussolini préside une cérémonie de remise des certificats de mérite acquis à Littoria, dans les marais Pontins. Durant les années trente, le mouvement fasciste ne recule devant aucun effort pour s'attirer le consentement populaire.

"La masse, pour moi, n'est rien d'autre qu'un troupeau de moutons, tant qu'elle n'est pas organisée. Je ne suis nullement contre elle. Je nie seulement qu'elle puisse se gouverner elle-même. Mais si on la dirige, il faut la diriger au moyen de deux rênes : l'enthousiasme et l'intérêt. Qui n'emploie que l'une des deux se trouve en danger. Le côté mystique et le côté politique se conditionnent réciproquement. L'un sans l'autre est aride ; l'autre sans l'un s'effeuille au vent des drapeaux."

La conception mussolinienne des masses sous-tend le projet totalitaire du régime qui, malgré les efforts mis en œuvre, ne sera qu'imparfaitement réalisé.

Les dictatures fascistes de l'entre-deux-guerres ont clairement manifesté leurs penchants totalitaires : elles visent à occuper de manière exclusive les espaces de pouvoir et, pour ce faire, recourent au modèle du parti unique qui tend à s'imposer à tous les secteurs de la société civile. Pourtant, le fascisme italien s'est greffé et a prospéré sur le tronc de l'Etat monarchique pré-existant.

Un totalitarisme imparfait

La symbiose entre l'ancien et le moderne, qui a parfaitement fonctionné à l'époque de la Marche sur Rome, constitue un obstacle intrinsèque à la fascisation intégrale de la société qui est pourtant en germe dans le projet totalitaire. Ce but ultime aurait supposé le rôle moteur d'un Parti capable d'imposer son hégémonie à l'appareil d'Etat; en réalité, ce fut le contraire qui advint. Depuis le mois d'octobre 1922, c'est le gouvernement et non pas le parti qui a pris la tête du mouvement fasciste. De plus, le totalitarisme aurait supposé une liquidation, pour le moins progressive, de la forme institutionnelle étatique antérieure; or, Mussolini ne dénoncera la "dyarchie" qui force le chef du gouvernement à coexister avec le roi au sommet de l'Etat qu'après l'effondrement de 1943. Dans le nouvel organigram-

me du troisième Reich nazi qui succède à la République de Weimar, Hitler cumule bien les fonctions de chef du Parti, du gouvernement et de l'Etat ; au contraire, selon la logique des institutions italiennes, Mussolini reste le fondé du pouvoir du roi et c'est ce dernier qui continue à incarner la souveraineté de l'Etat. C'est Victor-Emmanuel III et non pas le Duce qui accueille les chefs d'Etat et peut se prévaloir, à la suite des conquêtes de 1936 et de 1939, des titres d'empereur d'Ethiopie et de roi d'Albanie. L'octroi concomitant au souverain et à Mussolini, en 1938, du titre inventé pour la circonstance de "premier maréchal de l'Empire" est l'une des rares occasions durant laquelle les deux personnages se verront placés sur un pied d'égalité. Lors des manifestations officielles, l'hymne national de la *Marche royale* pré-

Mussolini en uniforme de maréchal d'Empire, le nouveau grade conféré au Duce et au roi en 1938. S'il permet de placer les deux hommes sur un pied d'égalité, le roi conserve néanmoins un primat formel sur Mussolini ; le fascisme ne réussira pas véritablement à liquider les formes institutionnelles du royaume d'Italie.

cède l'exécution de *Giovinezza*, l'hymne fasciste. Les magistrats préposés au Tribunal spécial sont les seuls dignitaires de l'Etat à être directement issus des rangs fascistes. L'ensemble de la haute administration continue à fonctionner selon sa logique interne et ses critères propres. Le fascisme ne pourra renouveler que partiellement les cadres de la carrière préfectorale ou diplomatique.

Ce n'est qu'à partir de 1936, lorsque Galeazzo Ciano occupe le ministère des Affaires étrangères, que l'on assiste à un changement plus marqué des hauts responsables, qui répond aux pressions des partisans de la fascisation intégrale. Même, les jeunes loups fascistes doivent cohabiter avec les éminences blanchies sous le harnais de la diplomatie libérale.

Le gouvernement de Mussolini a été contraint de travailler avec les structures bureaucratiques de l'Etat dont il a hérité. A cet égard, les forces armées constituent un exemple remarquable. Certains hauts gradés peuvent bien se disputer les faveurs du Duce, le cas est fort rare, et l'on ne connaît guère de politiciens fascistes qui se soient élevés au sein de la carrière militaire jusqu'au rang des vieux généraux. En revanche, la présence fas-

En juin 1933, à la veille de sa seconde croisière atlantique, Italo Balbo passe en revue les équipages des hydravions SIAE Marchetti de la base d'Orbetello. En 1931, Italo Balbo (1896-1940) avait déjà survolé l'Atlantique Sud à la tête d'une escadrille de douze hydravions. Il s'apprête à récidiver au-dessus de l'Atlantique Nord avec une formation de vingt-quatre appareils afin de célébrer les dix ans de l'industrie aéronautique italienne.

ciste est plus nette au sein de l'aviation, cette arme de création récente qui est l'objet de tous les soins du régime ; Mussolini place à sa tête le pilote Italo Balbo, célèbre auteur de l'un des premiers vols transatlantiques, qui devient ensuite gouverneur de Libye. Pourtant, même dans le secteur colonial, la promotion des fascistes fonctionne de pair avec celle du *cursus honorum* classique ; la plupart des fonctionnaires civils et militaires qui s'y distinguent ont commencé leur carrière administrative avant 1922.

Les hommes de la "vieille" Italie continuent à tenir les rênes de l'économie, aussi bien par le directoire de la Banque d'Italie que dans les nouvelles entreprises publiques créées pour restructurer l'économie après le choc de la crise de 1929 : Institut mobilier italien (IMI en 1931), Institut pour la reconstruction industrielle (IRI, en 1933), etc., autant de conglomérats publics qui existent encore de nos jours. La réforme bancaire de 1936 et la loi-cadre de 1938, elles aussi toujours en vigueur, ne sont pas le fruit des prédicats du corporatisme fasciste mais l'œuvre de techniciens et de grands commis de l'Etat.

Pas plus le Parti national fasciste que les autres organisations fascistes n'ont prêté une attention particulière à l'embrigadement du personnel administratif ; ils n'ont pas non plus véritablement tenté d'investir les plus hauts rouages de l'appareil étatique. De fait, certains hiérarques comme Giuseppe Bottai déplorent le faible niveau de formation de la nouvelle classe dirigeante et l'absence de techniciens ou d'hommes politiques aptes à s'imposer sur le terrain de l'économie moderne, des relations internationales ou de l'administration.

L'extraordinaire présomption de Mussolini constitue sans doute le principal obstacle à une réelle conquête de l'appareil d'Etat. Le Duce multiplie les gestes de mégalomanie, accumule les charges honorifiques et se montre jaloux des autres hiérarques du fascisme susceptibles de lui porter un tant soit peu ombrage. Le slogan *Mussolini ha sempre ragione* ("Mussolini a toujours raison") se répand sur les murs et sur toutes les nouvelles constructions du régime. Le régime n'a absolument pas programmé la relève de l'ancienne classe politique, et Mussolini se soucie encore moins d'organiser véritablement sa propre succession.

Aussi la pratique politique contrecarre-t-elle la tendance totalitaire du régime. Celle-ci est énoncée au niveau des principes mais ne s'accompagne d'aucun plan raisonné de mise en œuvre.

Une résistance silencieuse

Sitôt après la signature des accords du Latran, le fascisme doit faire face à la présence active de l'Eglise au sein de la société italienne.

En 1931, une violente polémique éclate entre les groupements de jeunesse fascistes et les organisations dépendantes de l'Action catholique. Si ces dernières ne peuvent s'occuper officiellement de politique, elles rivalisent avec les fascistes sur le terrain vital de l'éducation de la jeunesse. Le conflit sera désamorcé par un compromis intervenu entre les chefs fascistes et les autorités vaticanes : celles-ci doivent limiter le champ d'activité de l'Action catholique à la seule éducation religieuse. Cependant, dans de nombreuses localités de forte tradition catholique, les jeunes universitaires continuent à s'affilier à la Fédération des universitaires catholiques (FUCI) plutôt qu'à la GUF fasciste. A la diffé-

Les "Jeunes Femmes fascistes" prêtent serment lors d'un rassemblement à Rome en 1934.

*"**A**u nom de Dieu et de l'Italie, je jure d'exécuter les ordres du Duce, de servir de toutes mes forces et, si nécessaire, de verser mon sang, pour la cause de la révolution fasciste."* Le serment du PNF est imposé à tous les jeunes qui adhèrent aux organisations du Parti. Sa formulation suscite les critiques du pape et d'une partie du mouvement catholique. C'est l'un des multiples points de friction entre l'Eglise et le régime.

rence du PNF, toujours plus englué dans sa propre bureaucratie et le plus souvent incapable de promouvoir autre chose que les manifestations de type folklorique, l'Eglise fait preuve d'une capacité exemplaire à former sa propre classe dirigeante ; surtout, elle se montre active sur le terrain social et culturel.

A court terme bien sûr, grâce à ses instruments de propagande, le régime maintient un contrôle plus direct sur les masses et parvient à conserver le monopole des enthousiasmes juvéniles ; avec le recul cependant, il apparaît que l'Eglise a davantage marqué de son empreinte une grande partie de cette génération. Par ailleurs, même si elle reste cantonnée dans le champ culturel, comme à l'occasion de la rédaction de l'*Enciclopedia Italiana*, le droit de regard et de censure ecclésiastique trouvera à s'exercer jusque sur les auteurs fascistes de formation gentilienne ou d'inspiration laïque.

Il va de soi que l'éducation de masse reflète les nouveaux credos du régime et les livres scolaires passent au double crible de l'Eglise et de l'Etat. Fruit de leur rivalité pour la conquête des âmes, de multiples points de friction troublent la belle ambiance concordataire. En cette période de tension et de troubles, nombre d'hommes et de femmes se retournent vers les prêtres pour leur encadrement spirituel. De plus, les paroisses ont, elles aussi, recours à des

"**A**ller au peuple", tel est le slogan directeur qui préside à l'élaboration des nouveaux statuts du Parti national fasciste en 1932 : fermement installé aux commandes, le fascisme cherche désormais à élargir son assise populaire par le biais de ses organisations de masses.

"Le Parti national fasciste est une milice civile, placée sous les ordres du Duce, au service de l'Etat fasciste. (…) Le PNF est constitué des Faisceaux de combat qui sont regroupés, pour chaque province, au sein de la Fédération des Faisceaux de combat. Lorsqu'il le juge nécessaire, le secrétaire de la Fédération des Faisceaux de combat est autorisé à organiser les Faisceaux de combat en groupes de quartiers ou en sous-sections. (…)
Un Groupe universitaire fasciste est institué dans chaque grande ville ou chef-lieu de province. A chaque Faisceau de combat est associé un Faisceau des jeunesses et un Faisceau féminin, ce dernier constituant à son tour, un Groupe des jeunes femmes fascistes. Des Associations provinciales de l'Enseignement, du Service public, des Cheminots, des Postiers, des Médecins (…) gravitent autour du Faisceau. La Chemise Noire constitue l'uniforme fasciste ; celui-ci ne doit être arboré que sur ordre. (…)
Toutes les fonctions de direction devront être confiées soit à des Chemises Noires qui ont combattu ou œuvré pour la Révolution, soit à des Fascistes issus des organisations de jeunesse. (…)
C'est le 21 avril, date du "Noël romain", fête du travail, qu'a lieu l'Appel fasciste : c'est alors que les Balilla font leur entrée dans les rangs des Avant-gardes, que les Avant-gardes passent dans les rangs des Jeunes Fascistes, et que ces derniers rejoignent leurs camarades du PNF et de la MVSN."
Les jeunes gens qui font leur entrée au PNF prêtent le serment suivant : "Au nom de Dieu et de l'Italie, je jure d'exécuter les ordres du Duce, de servir de toutes mes forces et, si nécessaire, de verser mon sang, pour la Cause de la Révolution fasciste."
"Le fasciste qui faillit à ses devoirs", poursuit le statut, "que ce soit par indiscipline ou en raison d'un manquement à l'esprit (…) fasciste, doit être, hors les cas d'urgence absolue, déféré auprès de la Commission fédérale de discipline. En cas d'urgence absolue, la sanction est infligée par le Secrétaire fédéral. (…) Le fasciste (…) qui viendrait à être expulsé du PNF doit être mis au ban de la vie publique. (…)
La carte du PNF est délivrée à titre honorifique (…) :
— aux grands invalides et aux grands mutilés de guerre ;
— aux mutilés et aux invalides du fascisme ;
— aux familles des martyrs fascistes ;
— aux pères de famille ayant au moins sept enfants à charge." ∎

Les jeunes femmes de l'équipe du GUF victorieuse lors des "Lictoriales" de 1934.

En 1932, Mussolini au milieu d'un groupe d'ouvriers employés à la bonification des marais Pontins. Ce vaste programme, qui s'accompagne de l'édification de la ville nouvelle de Littoria, a pour but d'asseoir la popularité du fascisme chez les paysans et les ouvriers.

moyens de communication modernes : leurs radios et leurs séances de projection cinématographiques concurrencent celles du Dopolavoro ou du PNF. Les groupements catholiques féminins recrutent du jardin d'enfants à l'université dans des proportions presque comparables à celles des organisations fascistes. En somme, l'Eglise renforce sa propre influence sur les masses sans pour autant les pousser à la résistance antifasciste : certains auteurs ont pu parler à ce propos d'un véritable "afascisme" catholique, un terme révélateur du caractère inachevé du totalitarisme mussolinien. La pénétration capillaire du fascisme est encore freinée par la nature sociale du régime, qui ne parvient pas, malgré ses discours, à promouvoir l'harmonie nationale et l'accord entre les couches possédantes et les classes moyennes ou populaires. Le Parti et la Milice recrutent certes dans le prolétariat rural ou urbain, mais dans des proportions marginales au regard du poids global de ces catégories défavorisées : près des deux tiers des Italiens de l'époque. Avant 1922, les Faisceaux avaient progressé au cœur des bastions historiques du mouvement ouvrier et paysan, mais le brigandage squadriste et la discipline de fer qui s'abat par la suite ont logiquement laissé des séquelles douloureuses. Les millions d'Italiens opposés au fascisme n'auront cependant d'autre arme que la résistance passive, autrement dit le silence...

Cependant, le régime ne saura pas s'attacher l'allégeance des anciens militants socialistes, communistes ou anarchistes qui continuent d'être imperméables aux sirènes de la propagande. C'est ainsi que la fête

abolie du Premier Mai continue fréquemment à être célébrée en privé. Parfois, un drapeau rouge fait une apparition fugace sur le clocher d'une église ou au sommet
d'une colline. Des graffiti hostiles au Duce surgissent la
nuit sur les murs des édifices publics ou des Maisons
du Parti. La rumeur qui colporte les frasques des hiérarques corrompus, les processions de femmes qui viennent réclamer du pain et du travail devant les mairies,
les blagues féroces qui brocardent les inconséquen-
ces ou les méfaits du régime sont autant de menus
faits qui témoignent de la persistance d'un état d'esprit
frondeur et indépendant. Le ressentiment nourri contre
les injustices immémoriales se solde également par
une sourde hostilité à l'encontre des autorités en général et de la statolâtrie fasciste en particulier. A la base de l'édifice de ce "régime réactionnaire de masse",
des millions d'individus inquiets, perplexes et mécon-
tents survivent tant bien que mal.

*Flanqué de Starace (à gauche) et de Ciano (à droite), Mussolini en grand uniforme de la Milice assiste à un rassemblement de religieuses enseignantes. Malgré plusieurs tentatives pour prendre le contrôle total de l'enseignement, le fascisme ne parviendra pas à déloger l'Eglise de ce terrain où elle est traditionnellement en position de force. De fait, l'épiscopat fera sentir son influence jusque dans la rédaction de l'*Enciclopedia Italiana.

Les multiples visages de l'antifascisme

A l'étranger, le fascisme impressionne par sa capacité à susciter l'enthousiasme des foules lors des gigan-
tesques manifestations orchestrées par le régime ; la
presse officielle décrit complaisamment les "marées
humaines" qui se pressent aux réjouissances publi-

Quelques-unes des figures de l'antifascisme italien. En haut, de gauche à droite : Da Bove, Filippo Turati, Carlo Rosselli, Sandro Pertini et Ferruccio Parri, réunis à Calvi en Corse après que Turati a réussi à fuir l'Italie. En bas, toujours de gauche à droite : Cesare Pavese, Leone Ginzburg, Franco Antonicelli et l'éditeur Frassinelli.

ques organisées par le Duce. La réalité quotidienne est moins étincelante : le régime profite de l'indifférence qui touche tout autant les cercles de ses opposants que ceux de ses adulateurs. Ce climat de conformisme public et de scepticisme privé propre à toute dictature moderne, constitue aussi un dur écueil pour ses adversaires politiques. L'antifascisme a indubitablement des ramifications dans toute la péninsule, et aucun de ses multiples courants ne sera jamais totalement réduit au silence. Pourtant, le choc de la déconfiture politique des années 1922-25 s'est aggravé des conflits internes qui déchirent l'opposition. Durant les années vingt, l'antifascisme ne réussira pas à constituer un front de lutte unitaire.

L'histoire du fascisme en Italie ne saurait cependant être complète si l'on n'évoquait celle de l'antifascisme, qui lui sert de contrepoint : l'existence d'une constante opposition active au régime contribue à différencier l'expérience italienne de celles subies à la même époque par l'Allemagne ou le Japon. La présence, même exiguë ou divisée, de courants antifascistes durant toute la période de la dictature contribue à expliquer la nature et les caractéristiques de la Résistance des années 1943-45 ; elle permet aussi de comprendre comment l'Italie renaîtra ensuite de ses cendres sous la forme d'une république libre et démocratique.

Aucun des partis d'opposition ne peut être totalement disculpé des erreurs commises face à la montée de la dictature ; mais les torts ne sont pas tous également partagés...

La mouvance libérale et le Parti du même nom — il n'est adopté officiellement qu'en 1922 alors même que l'Etat libéral se saborde — sont déchirés par l'attraction que le fascisme exerce sur ses dirigeants : Giolitti, figure de proue de la vieille garde, évitera toujours de se prononcer ouvertement contre le fascisme ; Salandra quant à lui est gratifié par Mussolini du titre de "fasciste honoraire". De tous les ténors libéraux, seul Nitti empruntera la voie de l'exil parisien. Si Giovanni Amendola et Piero Gobetti sont contraints de se réfugier en France, où ils mourront des suites des blessures qui leur avaient été infligées par les squadristes, les libéraux-démocrates prêts à engager la bataille constituent une minorité.

En Italie même, le grand philosophe et historien Benedetto Croce se repent de sa bienveillance initiale pour le gouvernement de Benito Mussolini ; à partir de 1924 — date de l'affaire Matteotti —, seul représentant ou presque de la grande tradition culturelle du libéralisme conservateur, il refuse de plier et s'érige con-

JEUNES FASCISTES ET INDIFFÉRENTS

Le portrait cynique des *Indifférents* que publie Alberto Moravia en 1929 ne correspond certes pas à l'idéal de l'"homme nouveau" exalté par le régime ; de fait, une part importante de la population se tiendra à l'écart de tout engagement politique. Mais d'autres jeunes gens de la génération de Moravia ont quant à eux adhéré aux préceptes mussoliniens. "Le fascisme représentait donc à nos yeux (...) la plus moderne conquête révolutionnaire de la pensée humaine et comme le fruit sélectionné des expériences politiques du passé, aux "survivances" duquel la révolution en acte s'opposait comme le neuf au vieux. (...) Dans de telles dispositions, les plaintes, les propos "nostalgiques" qui parfois se faisaient entendre n'exprimaient à nos yeux que la vaine morosité, l'esprit rétrograde d'une vieille génération réfractaire au "neuf" et à laquelle nous étions opposés d'instinct. Quelqu'un se plaignait-il de la violence avec laquelle le fascisme s'était imposé ? — Quelle révolution, lui répondions-nous, n'a pas eu sa phase de violence ? Et sans doute n'y avait-il plus de liberté, mais — peut-être parce que nous ne l'avions jamais connue — nous ne nous en apercevions pas encore. (...) Bien sûr, il y avait aussi des hiérarques qui en mettaient plein leurs poches : vilaine affaire, certes, mais qui n'altérait nullement la pureté de notre idéal. (...) La convergence des opinions était réelle ; la propagande fasciste contre la paperasse administrative, l'impuissance du parlementarisme, la décrépitude du régime démocratico-libéral rencontraient un terrain favorable."

R. Zangrandi, *Le long voyage à travers le fascisme*, Robert Laffont, Paris, 1963.

tre une dictature dont il subit l'ostracisme. Pourtant, il se défendra toujours, même après 1945, de procéder à l'examen critique des carences d'un libéralisme qui avait pavé la voie au fascisme.

D'autres personnalités plus isolées encore comme Luigi Einaudi — dont le fils Giulio fondera en 1933 la fameuse maison d'édition du même nom —, Giustino Fortunato, Umberto Zanotti Bianco et Guido Dorso s'attachent à perpétuer des institutions, des revues, des traditions d'étude et de culture qui forment autant d'oasis perdues au cœur de l'académisme fasciste.

Au sein du monde catholique, le concordat creuse un fossé encore plus profond entre la majorité des philofascistes et les quelques antifascistes rescapés de l'expérience du Parti populaire : dès 1924, don Luigi Sturzo, son fondateur, va devoir s'exiler autant pour échapper

L'histoire du fascisme en Italie ne saurait être complète si l'on n'évoquait celle de l'antifascisme qui lui sert de contrepoint. Cette opposition constante contribue à différencier l'expérience italienne de celles subies à la même époque par l'Allemagne et le Japon.

aux pressions du Vatican qu'à la violence fasciste. Bien qu'affaiblis eux aussi par les défections qui sont venues grossir les rangs du fascisme, républicains et socialistes, anarchistes et communistes constituent le socle de l'opposition à la dictature. Parmi les républicains, Eugenio Chiesa et Fernando Schiavetti émigrent en France, tandis que Mario Angeloni et Randolfo Pacciardi s'engagent activement dans la lutte antifasciste en combattant dans les Brigades internationales en Espagne.

Après leur scission du Parti communiste en 1921, les socialistes se sont encore divisés en 1922 — avec l'apparition d'un parti socialiste unitaire — pour se réunifier en 1930. Certains dirigeants du courant réformiste, comme Filippo Turati, Claudio Treves, Giuseppe Emanuele Modigliani, Bruno Buozzi et Carlo, le plus jeune des frères Rosselli, sont contraints à l'exil ; le combatif Pietro Nenni prend la direction du courant maximaliste depuis Paris, mais d'autres militants comme Sandro Pertini ou bien des intellectuels comme Lelio Basso et Rodolfo Morandi vont connaître la paille des cachots fascistes.

Dans les rangs dispersés des anarchistes, les émigrés Armando Borghi et Camillo Berneri se distinguent par leur activisme ; les militants de base remplissent les prisons et, parmi eux, Michele Schirru, Domenico Bovone et Angelo Sbardellotto seront fusillés après avoir été condamnés par le Tribunal spécial.

Les communistes ont payé le plus lourd tribut à la répression. En 1926, c'est tout le groupe dirigeant du PCI qui est décapité : Antonio Gramsci, Umberto Terracini, Mauro Scoccimarro et Giovanni Roveda sont condamnés à de lourdes peines et incarcérés. Palmiro Togliatti, qui prend la direction effective, réussira à créer un centre étranger du Parti en France et une école moscovite pour les militants amenés à effectuer des missions clandestines en Italie.

Une carte de membre de la Concentration antifasciste, mouvement formé en 1927 parmi les réfugiés italiens en France. La coalition réunit des républicains, des socialistes, des adhérents de la Confédération générale du travail (CGL) et de la Ligue des droits de l'homme. À gauche. Randolfo Pacciardi est l'un de ceux qui s'engagent dans le camp républicain durant la guerre d'Espagne.

Le Parti va souffrir des violences de la dictature fasciste mais aussi des directives suicidaires imposées par Moscou. Car Staline, tout à sa lutte contre le "social-fascisme", met en effet dans le même sac tous les ennemis du communisme, des socialistes aux fascistes. Ce n'est qu'en 1934 qu'il lui sera possible de rétablir des rapports et de créer un pacte d'unité d'action avec les socialistes. Ils s'attachent dès lors, à Paris comme en Italie, à poser les fondements d'une ligne politique nouvelle pour combattre efficacement le régime. Cette nouvelle politique va être couronnée de succès ; car sous la botte du fascisme une nouvelle génération d'opposants est née : disposés à prendre tous les risques, ils vont jusqu'à pénétrer et à gravir les échelons des organisations fascistes afin d'y poursuivre leur œuvre de propagande contre le régime ; dans plusieurs régions d'Italie, l'antifascisme actif en viendra à s'identifier au communisme.

Lorsqu'ils sont démasqués, tous ces militants sont condamnés par le Tribunal spécial ou frappés par l'éventail des peines d'un régime inventif en la matière : inscription sur le "registre central des subversifs", assignation à résidence, incarcération provisoire, interdiction de séjour, exil intérieur...

Fondé en 1929, le mouvement *Giustizia e Libertà* (Justice et liberté) représente une nouveauté majeure de l'antifascisme italien. Il se distingue aussi bien des communistes que de la coalition antifasciste créée à Paris en 1927 par les deux partis socialistes, les républicains, la Confédération du travail et la Ligue italienne des droits de l'homme. Animé par Carlo Rosselli, *Giustizia e Libertà* recrute dans l'émigration comme en Italie et se donne pour objectif de faire émerger une "troisième force" démocratique qui serait une synthèse puisée dans le terreau du libéralisme, du socialisme et du communisme.

Mais en 1937, des sicaires français de la Cagoule inspirés par les services secrets italiens assassinent Carlo Rosselli en même temps que son frère Nello ; la même année, Antonio Gramsci meurt d'épuisement dans sa prison de Rome. Interprète original et antidogmatique du marxisme contemporain, sa démarche complexe fait une large part aux interrogations sur les causes historiques et sociales de la montée du fascisme. Ses œuvres ont renouvelé, après 1945, non seulement le fond culturel, mais aussi l'image publique internationale du "Pays réel", que le fascisme avait déformée sans pour autant l'annihiler.

La fiche signalétique d'Antonio Gramsci (1891-1937), établie par la police italienne. Membre fondateur du parti communiste italien en 1921, Gramsci est condamné en 1927 par le Tribunal spécial à une peine de vingt ans de prison. Ses conditions de détention mineront irrémédiablement sa santé.

Le titre du célèbre roman de jeunesse d'Alberto Moravia, *Les Indifférents*, publié en 1929, pourrait servir à décrire de manière appropriée le vaste marais qui sépare le fascisme de l'antifascisme. C'est une part importante de la population italienne qui, tout en se tenant à l'écart des organisations fascistes, ne nourrira pas pour autant un réel sentiment antifasciste débouchant sur une opposition active. Cette masse politiquement amorphe est sujette au conformisme, à la passivité et à une certaine irresponsabilité dans ses rapports avec le régime. Relevée par d'innombrables témoignages, cette profonde apathie civique perdurera en partie après 1945; c'est l'un des legs les plus dommageables du fascisme à l'Italie du XXe siècle.

Mais contrairement au nazisme, les vingt années de la dictature fasciste ne permettront jamais d'éradiquer les ferments d'opposition. Isolés, défaits ou divisés, les antifascistes, actifs dans l'émigration ou la clandestinité, permettront contre vents et marées de maintenir et de transmettre leurs idéaux et leur expérience à une jeunesse qui est née et a grandi sous Mussolini. C'est ce "long voyage à travers le fascisme", dépeint par Ruggero Zangrandi, qui donnera par la suite corps à la Résistance.

Chapitre 6

LA POLITIQUE
ÉTRANGÈRE

DÈS 1923, MUSSOLINI ORDONNE L'OCCUPATION DE L'ÎLE DE COR-
FOU. IL APPARAÎT CLAIREMENT QUE, PARMI LES PRINCIPAUX OBJEC-
TIFS DU FASCISME, FIGURE LE DÉMANTÈLEMENT DE L'ORDRE EURO-
PÉEN ISSU DU TRAITÉ DE VERSAILLES.

Nationalisme exacerbé et impérialisme vindicatif, telles sont les
deux inspirations premières du
fascisme. La mise en œuvre de
ces prédicats enflammés s'avé-
rera cependant ardue et limitée. D'octobre 1922 à octobre 1929, de la formation du cabinet Mussolini au
krach de Wall Street, le système des relations internationales traverse une phase de stabilisation économique et diplomatique ; si cette période facilite le renforcement du régime sur le plan interne, elle ne lui offre
guère d'occasions de briller à l'extérieur. Certes, l'Italie
peut se targuer d'avoir été dans le camp des vainqueurs
lors du premier conflit mondial, mais les fascistes ont
bâti leurs premiers succès en dénonçant la "victoire
mutilée" et la politique de "renoncement" de la diplomatie libérale. Mussolini va insuffler un dynamisme nouveau à la politique étrangère italienne : il laisse entendre que les projets d'expéditions extérieures qu'on lui
prête — et qui sont dénoncés par les antifascistes —
ne sont pas dénués de tout fondement.

Durant les premières années du régime, le vieil *establishment* conservateur continue à faire office de con-
trepoids aux enthousiasmes velléitaires de Mussolini ;
en poste jusqu'en 1926, le secrétaire général du ministère des Affaires étrangères, Salvatore Contarini, exerce son influence modératrice sur celui qui n'est pas
encore le Duce. Par la suite cependant, le chef du gouvernement prend lui-même la charge, "en intérim", du
ministère ; plusieurs chefs fascistes font alors leur en-

*En juin 1934, Benito Mussolini
accueille Adolphe Hitler,
chancelier d'Allemagne
depuis janvier 1933, à Venise.
Les rapports initiaux entre
les deux dictateurs ne furent
pas des plus chaleureux.
Mais à partir de 1936,
avec la guerre d'Ethiopie et
la rupture avec les puissances
occidentales, l'Italie
fasciste va nouer des liens
toujours plus étroits
avec l'Allemagne nazie.*

Précédé par un tir d'artillerie nourri, un corps expéditionnaire italien débarque à Corfou en août 1923. Mussolini ordonne l'opération en riposte à un attentat commis le 27 août contre une mission militaire italienne en Grèce. L'occupation de l'île, qui s'achève en septembre, est le premier acte de défi lancé à la Société des Nations et aux équilibres issus de la Grande Guerre.

trée dans le sérail diplomatique et, de 1929 à 1932, Dino Grandi y assume de facto les fonctions de ministre. Dans le même temps, un travail de propagande spécifique se met en place parallèlement aux canaux de diffusion officiels : organisation de Faisceaux à l'étranger, financement de multiples institutions culturelles ou à l'écoute de l'émigration italienne dans le monde… Ce nouveau réseau a pour tâche de susciter et d'entretenir de multiples revendications territoriales "au nom du primat de la civilisation latine".

La déstabilisation de l'Europe

En 1923, un attentat perpétré à Corfou contre la mission militaire italienne chargée de délimiter les frontières albanaises provoque une réaction immédiate et spectaculaire : en représailles, Mussolini fait occuper l'île grecque ! Cette réaction démesurée est un message adressé à la communauté internationale en général et à la Société des Nations en particulier : le gouvernement fasciste est prêt à défendre ses intérêts exclusifs et à affirmer les prétentions de l'Italie au rôle de grande puissance. Tout au long des années vingt, la politique étrangère fasciste adopte une attitude d'hostili-

té larvée à l'encontre de la France, refuge des antifascistes émigrés et défenseur des jeunes démocraties d'Europe orientale issues de la chute des empires centraux. En revanche, le régime continue à recevoir le soutien traditionnel de la Grande-Bretagne et s'attire une aide financière des Etats-Unis.

L'équilibre européen est alors rigidement corseté par les traités de paix de 1919. Mussolini ne peut certes pas se permettre de les dénoncer ouvertement. En outre, jusqu'au début des années trente, le gouvernement fasciste est engagé dans la difficile reconquête de la Libye, conquise en 1912 sur l'Empire ottoman mais dont le contrôle effectif, à l'exception de quelques têtes de pont sur la côte tripolitaine, avait été perdu au cours de la Première Guerre mondiale.

La campagne de Libye est menée par les plus hautes autorités politiques et militaires — Volpi et De Bono, Badoglio et Graziani s'y illustrent. Les troupes italiennes mènent une lutte féroce contre la guérilla indigène. Cette guerre coloniale constitue alors le banc d'essai de méthodes promises à un bel avenir : camps de concentration, tortures, représailles collectives, exécutions sommaires, etc.

En 1931, le maréchal Rodolfo Graziani (1882-1955) est gouverneur de Libye. Durant la Première Guerre mondiale, la présence italienne dans la colonie s'était réduite à la seule façade méditerranéenne ; le gouvernement fasciste s'emploie à la reconquête de l'intérieur en usant de méthodes extrêmement dures contre la guérilla libyenne ; l'entreprise ne s'achève qu'en 1931 avec la capture d'Omar al-Mukhtar, l'âme de la résistance libyenne.

Mussolini est impatient de soulever le joug du pacifisme défendu par la Société des Nations, mécontent de l'issue des négociations sur le désarmement (en particulier parce que la France est mieux lotie que l'Italie), avide de recueillir des subsides plus substantiels que ceux engrangés lors des accords sur les réparations et la dette de guerre (avec les plans Dawes en 1924 et Young en 1929) ou lors du traité de Locarno en 1925. Aussi commence-t-il dès la seconde moitié des années vingt à brandir une revendication explosive : les traités de paix doivent être révisés de fond en comble afin de donner de plus amples satisfactions à l'Italie sur le terrain colonial et en Europe.

Dans le même temps, l'axe balkano-danubien traditionnel de la politique étrangère italienne est réorienté afin d'appuyer les prétentions révisionnistes de la Hongrie, une puissance défaite, contre la Yougoslavie et la Roumanie. Tandis qu'un protectorat est imposé à l'Albanie, l'Autriche, dont le régime évolue vers une forme d'"austro-fascisme", passe dans la sphère d'influence italienne.

Dès la seconde moitié des années vingt, Mussolini commence à brandir une revendication explosive : les traités de paix doivent être révisés de fond en comble pour donner satisfaction à l'Italie, en Europe comme sur le terrain colonial.

Divers groupes et formations paramilitaires d'extrême droite sont soutenus par des émissaires fascistes et les services secrets italiens : Ante Pavelic, le chef des Oustachis croates, est accueilli à bras ouverts en Italie ; les terroristes macédoniens de l'O-RIM sont de même encouragés à provoquer des troubles qui doivent fournir le prétexte à une redistribution des cartes dans les Balkans, où l'Italie espère évincer la France. En 1934, les terroristes qui assassinent à Marseille le roi Alexandre de Yougoslavie et le ministre français Louis Barthou sont passés par l'Italie...

Cette photographie d'Erich Solomon a été prise à l'hôtel Excelsior de Rome à l'occasion de la rencontre italo-allemande de 1931. On reconnaît, outre Mussolini et son ministre des Affaires étrangères Dino Grandi (à droite), le chancelier allemand Brüning (de face) et son ministre Curtius (de dos).
A gauche. Salué par les nouvelles recrues de la Milice, Mussolini célèbre "l'Appel fasciste" de 1927, la grand-messe annuelle des organisations paramilitaires fascistes.

La conquête de l'Empire

Dès ses débuts donc, la politique étrangère du régime s'est montrée fort vindicative. Avec la crise des années trente, lorsque les équilibres intérieurs sont remis en cause par la montée du chômage et la pénurie, la dictature italienne est portée à rechercher sur le terrain extérieur les succès qu'elle n'est plus à même d'obtenir à l'intérieur du pays. C'est ainsi que Mussolini se décide à franchir un pas décisif : il planifie avec soin l'invasion et la conquête de l'Ethiopie.

L'Ethiopie est alors la dernière région d'Afrique "disponible" pour la colonisation européenne ; c'est aussi le seul Etat africain indépendant et membre de la Société des Nations. L'entreprise risque donc de susciter des difficultés diplomatiques que Mussolini n'ignore pas. Dès 1932, en prévision d'une attaque, il a fait parvenir ses premières dispositions aux autorités des colonies d'Erythrée et de Somalie ; en 1934, il adresse aux militaires un mémorandum détaillé dans lequel il se fixe pour objectif la "conquête totale de l'Ethiopie". A la fin de la même année, un incident frontalier entre la Somalie italienne et l'Ethiopie, aux environs de Ual-Ual, fournit une occasion de dénoncer de prétendues menaces d'agression du côté abyssinien.

Hailé Sélassié, empereur d'Ethiopie (1892-1975). En 1923, l'Ethiopie, dernier Etat indépendant d'Afrique, est admise à la Société des Nations ; en 1928, elle signe un traité d'amitié de vingt ans avec l'Italie. Mais dès 1932, Mussolini envisage la conquête du pays à partir des bases italiennes d'Erythrée et de Somalie.

Il est désormais clair que Mussolini cherche un prétexte pour déclencher l'offensive. En janvier 1935, une entrevue a-vec le ministre français des Af-faires étrangères Pierre Laval lui apporte la conviction d'avoir reçu le feu vert pour une inter-vention ; en avril, la conféren-ce de Stresa le conforte dans cette impression : l'Angleterre elle-même ne s'opposera pas à l'entreprise fasciste. Durant le courant de l'année, avec l'en-voi de nouvelles troupes en Erythrée, tous les observateurs pressentent que la guerre est imminente. Le 3 octobre 1935, les Italiens franchissent la frontière éthiopienne ; sans ulti-matum ou déclaration de guer-re préalable, l'invasion com-mence. L'empereur d'Abys-sinie, Hailé Sélassié fait alors appel à la Société des Nations ; celle-ci ne peut que prendre acte d'une infraction fla-grante à ses statuts : l'Etat agresseur est condamné. Le 18 novembre, la SDN impose des sanctions écono-miques contre l'Italie ; mais le pétrole, indispensable à la conduite d'une campagne militaire moderne, est exclu du dispositif de l'embargo.

Le blocus économique incomplet, les hésitations di-plomatiques des puissances, la non-participation aux sanctions des pays qui, comme les Etats-Unis, ne sont pas membres de la Société des Nations, tout joue en faveur du coup de force italien. Mussolini saura en cet-te circonstance mobiliser l'orgueil national de ses com-patriotes, et il réagit par des "contre-sanctions" desti-nées à frapper les marchandises des pays accusés de se livrer à un "assaut économique odieux" contre l'Ita-lie, dont il rappelle que la mission consiste à porter en Ethiopie "les bienfaits de la civilisation chrétienne mo-derne". Toutes les épouses italiennes sont conviées à

Les Directives et plan d'action pour résoudre la question italo-abyssinienne présentés par Mussolini à son Etat-major le 30 décembre 1934 sont sans ambiguïté : "Le problème des rapports italo-abyssiniens s'est déplacé (...) sur un plan nouveau : le problème diplomatique est devenu un *problème de force*; un problème "historique" qu'il convient de résoudre par le moyen avec lequel ces problèmes ont toujours été résolus par le passé : l'emploi des armes. (...) Aussi est-il nécessaire de tirer de ce qui précède une première conclusion logique : *le temps travaille contre nous*. Plus nous tarderons à liquider ce problème, plus la tâche sera difficile et les sacrifices élevés. Seconde conclusion toute aussi logique : *il faut résoudre le problème le plus vite possible*, dès que l'avan-

cement de nos préparatifs militaires nous donnera l'assurance de la victoire... Décidés à mener cette guerre, notre objectif ne peut être que *la destruction des forces armées abyssiniennes et la conquête totale de l'Ethiopie*. L'Empire ne se gagne pas autrement. (...) Afin que la victoire de nos armées soit rapide et définitive, il nous faut engager sur une vaste échelle les moyens mécaniques dont nous disposons et qui font encore défaut aux Abyssiniens, *mais qu'ils pourraient se procurer d'ici quelques années*. (...) *More nipponico*, ["à la japonaise"], il n'y aura pas lieu de déclarer officiellement la guerre et, quoi qu'il advienne, il nous faudra toujours souligner le caractère purement défensif des opérations. (...) Aucun souci à se faire sur le plan "intérieur". La conviction du caractère inéluctable

d'un choc frontal est d'ores et déjà bien ancrée au sein des masses fascistes. (...) Dans les rangs de la jeunesse, le "ton" est encore plus élevé. Les résidus du vieux monde craignent l'"aventure" parce qu'ils croient que la guerre sera menée selon leurs méthodes, mais ils se trompent; en outre, leur poids politique et sociologique est nul. Ce problème existe depuis 1885 ; l'Ethiopie est le dernier pan d'Afrique à ne pas s'être encore trouvé de maître européen. Le nœud gordien des relations italo-abyssiniennes s'enchevêtre davantage de jour en jour. Il faut le trancher avant qu'il ne soit trop tard !" ∎

Le départ d'un contingent d'ouvriers pour la Somalie, dans le cadre de la préparation de l'offensive contre l'Ethiopie.

suivre l'exemple de la reine Héléna qui sacrifie son alliance nuptiale sur l'autel de la patrie ; les paroisses organisent une vaste opération de propagande afin de soutenir le moral du "front intérieur".

L'issue des opérations sur le terrain ne fait guère de doute : l'armée abyssinienne est équipée de vieux fusils pris aux Italiens lors de la défaite qui leur avait été infligée à Adoua en 1896. Face à elle, entre les conscrits, les militaires de carrière, les Chemises noires volontaires des unités de la Milice et les ouvriers du génie, Mussolini dispose d'un demi-million d'hommes. Tous les moyens de la guerre moderne sont déployés contre l'armée éthiopienne et les populations civiles,

LA GUERRE D'ÉTHIOPIE 1935-1936

→ Offensive italienne

Lignes éthiopiennes

Limites de l'Empire d'Éthiopie

0   km   500

des bombardements aériens jusqu'aux gaz de combat pourtant prohibés par les conventions internationales.

Sous la direction de Badoglio, les troupes italiennes lancent l'offensive finale et font leur entrée à Addis-Abeba en mai 1936. Avec les manifestations de victoire organisées dans toute l'Italie, le régime fasciste est alors au faîte de sa popularité. Mussolini peut proclamer le retour de l'Empire "sur les collines prédestinées de Rome" et le roi se pare du titre d'empereur d'Ethiopie.

L'alliance avec l'Allemagne

Pourtant, la fracture diplomatique avec les puissances occidentales et la montée de l'antifascisme au sein des opinions publiques anglaise et française de plus en plus hostiles contribuent à confiner l'Italie dans un isolement qui serait à la longue insupportable ; cette nouvelle donne internationale va favoriser le rapprochement avec l'Allemagne nazie.

Hitler, parvenu au pouvoir en 1933, avait été reçu par Mussolini dès 1934. Au cours de la guerre d'Ethiopie, il a offert à l'Italie du charbon allemand en remplacement des fournitures anglaises bloquées par les sanctions. Du reste, les nazis ont profité de la diversion suscitée par l'imbroglio diplomatique de la guerre d'Ethiopie pour remilitariser la Rhénanie sans que les puissances occidentales n'interviennent contre cette violation explicite du traité de Versailles : on le voit, la guerre d'Ethiopie constitue la première remise en cause sérieuse des équilibres de l'après-guerre et l'un des prodromes de la Seconde Guerre mondiale.

Les troupes italiennes des deux fronts érythréen et somalien opèrent leur jonction à Dirédaua. Lancée en octobre 1935 sous la direction de Graziani et De Bono, l'offensive s'achève le 5 mai 1936 avec la prise d'Addis-Abeba.

Jusqu'alors, Mussolini n'avait pas manifesté un soutien total et inconditionnel aux ambitions de Hitler. Pour contrer l'expansionnisme allemand, il suscite la conclusion d'un pacte danubien avec la Hongrie et l'Autriche. Lorsque le chancelier Engelbert Dollfuss est as-

Durant la guerre d'Ethiopie, Galeazzo Ciano dirige l'escadrille aérienne "Disperata". Gendre de Mussolini, sous-secrétaire d'Etat, puis ministre de la Propagande, Ciano sera nommé ministre des Affaires étrangères au lendemain de la conquête.

sassiné par les nazis autrichiens en juillet 1934, l'Italie masse ses troupes sur le col du Brenner pour prévenir l'Anschluss. En avril 1935, les accords de Stresa — conclus entre les trois Alliés de la Première Guerre mondiale, l'Italie, la France et la Grande-Bretagne — sont clairement dirigés contre les violations allemandes du traité de Versailles et la menace que celles-ci font peser sur la paix européenne. Mais l'aventure éthiopienne et la condamnation de la SDN vont provoquer un revirement de la part du Duce, qui accepte la politique de rechange proposée par Hitler.

Malgré une méfiance réciproque et des objectifs fondamentalement différents, l'Allemagne nazie et l'Italie fasciste se disposent à emprunter des chemins parallèles : désormais leur politique extérieure va apparaître comme un défi de plus en plus violent lancé à l'ensemble des nations européennes.

Durant l'été 1936, Mussolini nomme à la tête du ministère des Affaires étrangères son propre gendre, Galeazzo Ciano, qui était déjà sous-secrétaire d'Etat et ministre délégué à la Presse et à la Propagande ; dès l'automne, les premiers accords de collaboration italo-allemands sont signés. Mussolini décrit ce revirement diplomatique comme le fondement d'un "Axe Rome-Berlin indestructible". L'année suivante, l'Italie fasciste quitte l'enceinte de la Société des Nations et s'associe à l'Allemagne et au Japon dans le Pacte anti-Komintern.

L'action conjointe de l'Allemagne et de l'Italie au cours de la guerre d'Espagne s'avérera décisive pour la consolidation de l'Axe. Celui-ci sera encore cimenté par la conférence de Munich. En 1938, l'introduction en Italie de lois racistes calquées sur le modèle allemand marque le signal de la convergence entre les idéologies fasciste et nazie.

En Italie, l'antisémitisme n'était pas l'un des éléments fondateurs de l'idéologie fasciste. Certes, de nombreuses manifestations racistes avaient ponctué les opérations entreprises en Libye et en Ethiopie ; après 1936, une législation discriminatoire à l'encontre des sujets indigènes avait été promulguée dans l'empire d'Afrique orientale. Pourtant, en métropole, si l'on excepte les écrits d'"intellectuels" fascistes de second ordre, les juifs italiens n'avaient été l'objet d'aucune attaque particulière.

Mais dans son désir d'imiter le modèle nazi, le régime va multiplier les affronts à l'encontre d'une communauté parfaitement intégrée à la nation italienne et qui, depuis le *Risorgimento*, avait offert au pays un grand nombre de personnalités remarquables. C'est tout d'abord en été 1938 qu'est publié un premier manifeste des "scientifiques" (universitaires, médecins, anthropologues et zoologues) qui proclame l'existence de races humaines différentes et inégales entre elles ; puis, une revue intitulée *Difesa della Razza* ("La Défense de la race"), commanditée par le PNF, fait son apparition. Le terrain ayant été déblayé, le gouvernement frappe les juifs étrangers d'interdiction de séjour en Italie ; les juifs italiens se voient, eux, interdire d'enseigner dans les écoles et d'étudier dans les universités. Enrico Fermi, le père de la physique atomique italienne, qui vient de recevoir le prix Nobel la même année, décide alors de s'expatrier. En automne, de nouvelles mesures discriminatoires sont promulguées : les mariages "mixtes" avec des Italiens de "race aryenne" sont prohibés ; les juifs sont exclus de l'armée et de tous les emplois publics. Un grand nombre de restrictions en tous genres — propriété immobilière, gestion d'entreprises, etc — leur ont été imposées.

En raison de la lenteur légendaire de la bureaucratie italienne, de multiples dérogations et surtout du mauvais accueil qui leur est réservé par la population, les

Rome, 6 novembre 1937 : l'Italie confirme son adhésion au Pacte anti-Komintern. L'ambassadeur japonais Hotta, Galeazzo Ciano et le ministre des Affaires étrangères allemand von Ribbentrop posent pour la traditionnelle photo de famille. Après la rupture avec la France et la Grande-Bretagne provoquée par l'aventure éthiopienne, cette nouvelle alliance consacre l'alignement international de l'Italie sur l'Allemagne.

Si les rapports avec Hitler sont empreints d'une "amitié brutale", selon les propres mots de Mussolini, le déséquilibre des forces est éclatant. La parité de façade sera cependant maintenue au cours de la guerre d'Espagne.

lois racistes n'entraîneront pas de ségrégation violente. Mais chez certains fascistes fanatiques, dans les institutions et revues officielles, et auprès de certaines strates de la société perméables à la propagande, la pseudo-culture antisémite prend corps. Pour la première fois, la tolérance raciale, qui avait toujours caractérisé la société italienne, est remise en cause. Mussolini s'était alors félicité auprès de Ciano : "A présent, l'antisémitisme a été inoculé dans le sang des Italiens où il continuera à se diffuser et à se développer".

Au sein de la hiérarchie mondiale, tant sur le plan économique que militaire, l'Italie reste dans le peloton de queue des grandes puissances ou, si l'on préfère, elle figure au premier rang des puissances moyennes.

De fait, depuis les campagnes du *Risorgimento* et l'unification du pays, le pays a toujours dû recourir à une alliance avec une puissance dominante : la France

depuis 1859, suivie par l'Allemagne à partir de 1866, elle-même relayée par les forces de l'Entente — France, Grande-Bretagne et Etats-Unis — durant la Grande Guerre ; à l'issue de la crise économique des années 1929-32, c'est à nouveau l'Allemagne qui va jouer le rôle du "grand frère" protecteur.

Mussolini en 1934, lors d'un rassemblement de dix mille "volontaires pour la guerre". Pour l'occasion, le Duce a revêtu son uniforme de commandant suprême de la Milice ; au cours des années trente, les apparitions publiques de Mussolini en costume civil se font de plus en plus rares. A gauche. Parade militaire en présence du Duce, en 1937.

La guerre d'Espagne

Si les rapports avec l'Allemagne nazie sont empreints d'une "amitié brutale", selon les propres mots de Mussolini, le déséquilibre des forces est éclatant ; seul le lien de solidarité idéologique permet de mettre en sourdine les disparités objectives ainsi que la divergence des intérêts nationaux. La parité de façade entre les deux dictateurs sera cependant maintenue au cours de la guerre d'Espagne.

En juillet 1936, le général Francisco Franco a pris la tête d'une insurrection militaire contre le gouvernement légitime espagnol. Mussolini armerait depuis longtemps les groupes d'extrême-droite espagnols comme la Phalange de José Antonio Primo de Rivera. Dès le déclenchement de l'insurrection, il fait connaître son soutien aux nationalistes de Franco dont il reconnaît le gouvernement dès le mois de novembre. Malgré l'adhésion formelle de l'Italie au pacte de non-intervention, des car-

Au mois de juillet 1936, les troupes coloniales de l'armée espagnole ont embarqué à bord d'avions allemands. Le succès du pronunciamiento *militaire contre la République espagnole a été rendu possible par le pont aérien organisé entre l'Afrique et l'Espagne par les aviations allemande et italienne. C'est la première collaboration militaire directe entre les régimes fasciste et nazi.*

gaisons d'armes et un corps de "volontaires" recrutés au sein de la Milice vont bientôt être acheminés ; les effectifs italiens en Espagne se gonflent rapidement pour compter jusqu'à soixante-dix mille hommes placés sous le commandement du général Roatta. Quatre-vingt-dix bâtiments de guerre, dont de nombreux sous-marins basés à Majorque, viennent encore épauler les troupes franquistes.

Hitler quant à lui n'offre qu'un corps d'aviation : la légion Condor. Si cette contribution semble plus modeste, elle apporte pourtant un avantage technologique décisif. Au moment même où les franquistes reçoivent l'appui vital des forces italiennes et allemandes, le camp républicain est abandonné par les puissances démocratiques qui s'en tiennent, elles, au principe de la non-intervention.

Les brigades antifascistes internationales vont cependant porter des coups sévères aux troupes fascistes ; c'est ainsi que, lors de la bataille de Guadalajara, en 1937, des volontaires italiens infligent une défaite humiliante aux Chemises noires de Mussolini. Mais la guerre civile s'achèvera en 1939 par la victoire du général Franco.

La guerre d'Espagne, qui fait suite à la campagne d'Ethiopie, contribue à appauvrir encore le potentiel militaire italien; au contraire de l'expédition africaine qui avait suscité tant d'enthousiasme, la "croisade" anticommuniste des années 1936-1939 commence à lézarder le consensus; le doute et le scepticisme s'instaurent, notamment chez les jeunes.

La création en 1937 de la *Gioventù italiana del littorio* (Jeunesse italienne du licteur), une organisation paramilitaire unique où l'adhésion est quasi obligatoire, l'adoption forcée du salut romain au détriment de la poignée de main classique, l'italianisation forcée et parfois ridicule des noms étrangers (c'est ainsi qu'un improbable "homme en pied", *in pied'uomo*, est censé remplacer le "barman"), l'édiction inquiétante des lois racistes, autant de symptômes d'une accélération des tendances totalitaires du régime. Il apparaît clairement que ce durcissement est un élément de la préparation à la grande guerre européenne qui se dessine en vue de la conquête de l'"espace vital" allemand et italien. Le climat belliciste entretenu par la propagande du régime contre une France jalousée d'une part, la "perfide Albion" d'autre part, provoque des réactions

A *Guadalajara en 1939, des blindés italiens participent au défilé qui célèbre la prise de la ville par les nationalistes. C'est précisément à Guadalajara que le contingent italien avait essuyé en mars 1937 une cuisante défaite face aux volontaires italiens des Brigades internationales.*

instinctives de survie : chacun commence à se demander quel sera le prix à payer pour cette "lutte à mort" tant annoncée.

La guerre d'Espagne a accéléré le rapprochement entre Mussolini et Hitler. Pourtant, la démarche du Führer n'est pas exempte d'arrière-pensées : en orientant l'Italie fasciste, toute à l'idée de son nouvel Empire romain, vers la Méditerranée, l'Allemagne entend la détourner du bassin danubien. Aussi est-ce bien l'allié allemand qui va empocher presque tous les dividendes de son alliance offensive avec l'Italie : en 1938, l'annexion de l'Autriche consacre la réalisation d'un vieux rêve de Hitler ; la même année, il obtient à Munich la capitulation des puissances occidentales, qui consentent au démembrement de la Bohême et de la Slovaquie ainsi qu'à l'établissement d'un protectorat allemand sur la région des Sudètes. En mars 1939, malgré les promesses de Munich, les troupes nazies font leur entrée à Prague et annexent toute la Tchécoslovaquie. La carte de l'Europe se remodèle rapidement sans que l'on n'enregistre de réactions notables à Paris ou à Londres. Mussolini, qui a fait office de médiateur entre l'Allema-

LES ORGANISATIONS DE MASSE DU FASCISME

En 1939, à la veille de la Seconde Guerre mondiale, des millions d'Italiens sont embrigadés dans les organisations de masse créées par le régime ; ces dernières sont l'un des instruments principaux de construction du consensus fasciste :

PARTI NATIONAL FASCISTE

Faisceaux de combat	2 633 514
Groupements universitaires fascistes (GUF)	105 883
Jeunesse italienne du licteur (GIL)	
Fils de la louve (6-8 ans)	1 546 389
Balilla (8-12)	1 746 560
Petites Italiennes (8-12)	1 622 766
Avant-gardes (12-18)	906 785
Jeunes Italiennes (12-18)	441 254
Jeunes Fascistes (18-21)	1 176 798
Jeunes Femmes fascistes	450 995
Faisceaux féminins	774 181
Forces rurales	1 481 321

Travailleurs à domicile	501 415

ASSOCIATIONS SCOLAIRES

Ecole primaire	121 437
Ecole secondaire	40 896
Professeurs d'université	3 272
Assistants universitaires	2 468
Beaux-arts et bibliothèques	2 500

ASSOCIATIONS DIVERSES

Service public	294 265
Chemins de fer	137 902
Postes	83 184
Etablissements industriels de l'Etat	120 205
Union nationale des officiers de réserve	259 865
Œuvre nationale du *Dopolavoro*	3 832 248
Comité olympique	809 659
Ligue navale italienne	198 522
Unités de l'armée	1 309 600

gne et les puissances occidentales lors de la conférence de Munich, effectue un voyage de retour triomphal
à Rome où la foule l'avait acclamé comme le "sauveur
de la paix". Ce rôle ne sied pourtant guère au Duce, qui
s'y sent à l'étroit. La logique totalitaire du régime le précipite chaque jour davantage dans les bras de Hitler :
un rapprochement éventuel avec la France et la Grande-
Bretagne aurait en effet impliqué à plus ou moins long
terme l'évolution de l'Etat fasciste dans un sens conservateur et modéré.

Guerre ou paix ? La réponse à cette question recou-
pe celle du choix initial entre la dictature expansionnis-
te et la démocratie ; or, depuis ses premiers balbutie-
ments politiques, le fascisme a choisi son camp…

*En mai 1937 à Rome,
une gigantesque parade
militaire sur la voie des Forums
impériaux célèbre le premier
anniversaire de la conquête
éthiopienne. A la veille de
la Seconde Guerre mondiale,
malgré les démonstrations de
force de la propagande fasciste,
l'armée italienne souffre d'un
grave manque de préparation.*

Chapitre 7

LA CATASTROPHE
DE LA GUERRE

ALORS QUE FACE À L'OFFENSIVE ALLEMANDE LA DÉBÂCLE FRAN-
ÇAISE SE PRÉCIPITE LE 10 JUIN 1940, MUSSOLINI DÉCLARE LA GUER-
RE À LA FRANCE ET À LA GRANDE-BRETAGNE. MAL PRÉPARÉE, L'AR-
MÉE ITALIENNE VA ACCUMULER LES DÉFAITES.

E n avril 1939, Mussolini et Ciano
réagissent à l'annexion allemande
de la Tchécoslovaquie par la conquête et l'occupation militaire de
l'Albanie. Victor-Emmanuel III ajou-
te à ses titres celui de roi d'Albanie. Cette "entreprise"
est la dernière durant laquelle les fascistes sauront se
montrer à la hauteur des nazis : le rythme de la production militaire allemande dépasse, et de loin, en volume
comme en rapidité, celui de l'Italie.

En juin 1941, départ des soldats du corps expéditionnaire italien pour la Russie. Envoyées sur le front de l'Est sans équipement adéquat, les troupes italiennes vont au-devant d'une sanglante défaite.

L'entente italo-allemande est scellée le 22 mai 1939
par la signature d'une alliance militaire en bonne et
due forme ; celle-ci contient une clause inédite dans
les annales des chancelleries : si l'un des deux con-
tractants se trouve impliqué dans un conflit, *quel qu'il
soit*, le co-contractant est tenu de lui porter secours.
Ainsi libellée, l'alliance est explicitement offensive, car
la clause d'intervention joue, même si l'une des parties prenantes est responsable du déclenchement du
conflit. Les dirigeants fascistes se plaisent à donner à
cette entente le nom de Pacte d'acier : "C'est un pas
en avant définitif, une formidable menace contre les
visées ennemies." Ciano consigne dans son journal :
"Le pacte est de la dynamite à l'état pur."

La date du déclenchement du conflit européen telle
qu'elle avait été prévue par Mussolini ne coïncide cependant pas avec celle choisie par Hitler ; le chancelier
du Reich est beaucoup plus pressé.

La situation se précipite durant l'été 1939 ; le 3 septembre, à la suite de menaces réitérées, les armées

En avril 1939, les troupes italiennes débarquent dans le port albanais de Valona (Vlorë). Décidée en hâte pour "riposter" au démantèlement de la Tchécoslovaquie par l'Allemagne, l'occupation de l'Albanie constitue l'ultime avancée du fascisme dans sa course vers la conflagration européenne.

nazies envahissent la Pologne. Les Polonais appellent leurs alliés français et britanniques à l'aide, et ces derniers déclarent la guerre à l'Allemagne. Pris de court par l'accélération des événements — Hitler n'ayant pas daigné les prévenir à l'avance de ses intentions —, Mussolini et Ciano se sortent d'embarras en recourant à la formule ampoulée de "non-belligérance", qui doit permettre à l'Italie de s'abstenir momentanément.

Il ne s'agit pas pour autant d'une prise de position pacifiste et encore moins d'un revirement vers la neutralité, mais seulement de différer la date de l'inéluctable entrée en guerre.

Ce sera l'une des dernières décisions de bon sens de Mussolini ; le Duce n'est que trop conscient du degré d'impréparation militaire du pays — selon ses calculs, l'Italie ne sera prête qu'aux alentours de 1942-43 —, mais il craint encore davantage de perdre une occasion unique de rafler à la suite de Hitler sa part du butin . A vrai dire, la politique italienne est alors totalement incohérente : le pays a un tel besoin de devises qu'il vend des armes à la France et à la Yougoslavie, au moment même où il peaufine ses plans d'agression contre ces deux pays. La dépendance énergétique et la chute des réserves d'or de la Banque d'Italie rendent le pays fort vulnérable : il ne dispose alors que de trois tonnes de pétrole par habitant, contre dix-sept mille tonnes pour les Etats-Unis, six mille trois cents pour l'Union soviétique, trois mille huit cent dix pour l'Allemagne et deux cent sept pour la France.

LE PACTE D'ACIER

Le Pacte d'amitié et d'alliance entre l'Allemagne et l'Italie est signé le 22 mai 1939 : "Sa Majesté le Roi d'Italie et d'Albanie, Empereur d'Ethiopie, et le Chancelier du Reich allemand tiennent à confirmer (…) les liens étroits d'amitié et de solidarité entre l'Italie fasciste et l'Allemagne national-socialiste. (…)

Art. 1. Les Parties contractantes maintiendront un contact permanent afin de s'entendre sur toutes les questions relatives à leurs intérêts communs et à la situation européenne. **Art. 2.** Au cas où les intérêts communs des Parties contractantes viendraient à être mis en péril à la suite d'événements internationaux,

quels qu'ils soient, elles devront se consulter sans délai sur les mesures à prendre nécessaires à la sauvegarde de leurs intérêts. Au cas où la sécurité ou les intérêts vitaux de l'une des Parties contractantes viendraient à connaître un péril extérieur, l'autre Partie contractante apportera à la Partie menacée son plein appui politique et diplomatique afin de parer à toute menace. **Art. 3.** Dans le cas où, en dépit des désirs et des espoirs des Parties contractantes, l'une d'elles viendrait à être impliquée dans un conflit avec une ou plusieurs Puissances, l'autre Partie contractante se portera immédiatement au secours de son allié et le soutiendra au moyen de toutes ses forces militaires de terre, d'air et de mer." ∎

Le 22 mai 1939, Ciano et Hitler paraphent à Berlin le Pacte d'acier.

En juin 1940, quelques jours après la déclaration de guerre, des troupes coloniales italiennes occupent un fortin en Somalie britannique. Malgré quelques succès initiaux, l'Empire d'Ethiopie va être submergé par la contre-offensive anglaise : Addis-Abeba tombe dès le printemps 1941 et Hailé Sélassié remonte sur son trône.

L'Italie entre en guerre

Après la longue période automnale et hivernale de la drôle de guerre, qui lui laisse le temps d'absorber la Pologne, l'Allemagne lance au printemps 1940 un *Blitzkrieg* impressionnant : la Norvège, le Danemark, les Pays-Bas et la Belgique sont envahis et occupés. Au mois de mai, les divisions blindées de Hitler déferlent sur la France. Profitant de la débâcle des Alliés, Mussolini se décide enfin à entrer dans la danse ; le 10 juin, alors qu'il ne dispose que pour deux mois de munitions, il déclare la guerre à la France et à la Grande-Bretagne.

Selon une version des faits sans doute apocryphe mais vraisemblable, Mussolini aurait alors affirmé avoir besoin de quelques milliers de morts (italiens) afin de pouvoir siéger en vainqueur lors de la prochaine conférence de paix. L'agression contre la France est néanmoins considérée par la communauté internationale comme un acte de traîtrise et de lâcheté ; pour le président Roosevelt — les Etats-Unis sont un pays neutre —, l'initiative de Mussolini est un "coup de poignard dans le dos".

Il est vrai que l'alignement de l'Italie sur l'Allemagne constitue le principal retournement d'alliances entre le premier et le second conflit mondial : le fascisme a complètement renversé la position intérieure et internationale du pays.

Ce passage du Rubicon que représente l'entrée en guerre a été considéré par certains historiens comme une conséquence de la folie du dictateur, prisonnier de sa propre mégalomanie. En réalité, cette décision s'inscrit dans la logique du régime ; elle s'accorde avec ses principes fondamentaux et constitue l'un de ses objectifs ultimes. En outre, cette décision est partagée par les membres de la classe dominante qui avaient déjà accordé leur confiance à Mussolini lors des périodes cruciales de 1922, 1924 et 1935. Les hiérarques fascistes, le roi et la cour, les chefs militaires et les magnats de l'industrie, tous participent peu ou prou aux grandes orientations du régime et suivent le Duce dans son entreprise. Tout en étant relativement faible, l'impérialisme italien avait démontré au travers du fascisme sa détermination ; en cette ultime circonstance, les cercles dirigeants obéissent en outre à une ligne de conduite plus ancienne : depuis l'époque du Risorgimento, le petit royaume d'Italie s'est efforcé d'affirmer sa présence sur la scène internationale en prenant part à tous les conflits européens.

L'illusion d'une guerre courte

L'ensemble des forces politiques, institutionnelles et sociales de l'Italie de l'époque pense que la guerre va être de courte durée ; aussi ne peuvent-ils concevoir de se maintenir à l'écart et de rester "les mains vides" ; concrètement, l'Italie veut sa part du butin. La propagande fasciste ne dresse plus aucune limite à ses ambitions expansionnistes : la Tunisie, Malte, Gibraltar, la Corse, les Somalie française et britannique, Nice sont également revendiqués.

Outre l'illusion d'une guerre facile, Mussolini nourrit d'autres arrière-

Le roi Victor-Emmanuel III et le maréchal Badoglio (1871-1956), commandant en chef des forces armées italiennes. Ni la cour ni l'état-major ne se sont opposés à l'entrée en guerre. La hiérarchie militaire, en particulier, évitera toujours de soulever le problème des capacités militaires réelles du pays.

C'est depuis le balcon du palazzo Venezia à Rome que Mussolini a prononcé son discours d'entrée en guerre, le 10 juin 1940 : "Combattants de terre, de mer et de l'air! Chemises noires de la révolution et des légions! Hommes et femmes d'Italie, de l'Empire et du royaume d'Albanie! Ecoutez! Une heure frappée au sceau du destin survole en cet instant le ciel de notre patrie. C'est l'heure des décisions irrévocables : notre déclaration de guerre vient d'être consignée aux ambassadeurs de France et de Grande-Bretagne. Descendons dans l'arène pour affronter les démocraties ploutocratiques et réactionnaires d'Occident, celles-là mêmes qui, de tout temps, se sont mises en travers de notre marche glorieuse et sont allées jusqu'à mettre en péril l'existence du peuple italien. On pourrait résumer leur histoire de ces récentes années en quelques mots : des promesses, des menaces, des chantages et, pour couronner l'édifice, l'ignoble assaut conjoint de cinquante-deux Etats. (…) Désormais, tout cela appartient au passé. Si aujourd'hui nous sommes décidés à affronter les risques et les sacrifices de la guerre, c'est que notre honneur, nos intérêts et notre avenir nous l'imposent, c'est parce qu'un grand peuple se révèle comme tel s'il considère ses engagements comme sacrés et qu'il ne recule pas devant l'épreuve suprême qui modèle le cours de son histoire. Nous empoignons les armes pour résoudre, après celui de nos frontières continentales, le problème de nos frontières maritimes : nous voulons briser les chaînes de l'ordre territorial et militaire qui étouffe notre mer, car un peuple de quarante-cinq millions d'âmes n'est vraiment libre que lorsqu'il conquiert son libre accès à l'Océan. (…) Pour la troisième fois de son histoire, l'Italie prolétaire et fasciste se dresse, forte, fière et unie comme jamais. Le mot d'ordre est unique, catégorique ; il nous engage tous. Déjà il vole au-delà des montagnes et des mers, il embrase les cœurs depuis les Alpes jusqu'à l'océan Indien : vaincre! Et nous vaincrons pour apporter enfin une longue période de paix et de justice à l'Italie, à l'Europe, au monde." ■

pensées qui motivent sa participation au conflit : il a toujours entretenu des rapports de compétition avec Hitler ; le Duce estime que si l'hémisphère nord doit revenir à l'Allemagne, celle-ci doit laisser libre cours aux ambitions italiennes en Europe du Sud et en Méditerranée. D'où la stratégie fasciste qui consiste à conduire une guerre "parallèle" à celle de son partenaire allemand, dans la perspective d'établir deux sphères d'influence indépendantes et distinctes. Le point faible de cet objectif réside évidemment dans le manque de coordination loyale et effective entre les deux alliés : la rivalité larvée entre les deux dictateurs d'une part, le différentiel de potentiel militaire d'autre part constituent autant d'obstacles.

Après la défaite de la France, Hitler déclenche l'opération Seelöwe dont l'objectif est la conquête de l'Angleterre. Mussolini se fait fort de contribuer à la "coventrysation" de Londres, suivant l'exemple des bombardements de l'aviation allemande qui ont réduit en cendres la ville anglaise de Coventry. L'Italie a pour-

Réunie sur la Piazza Venezia de Rome le 10 juin 1940, la foule applaudit le discours d'entrée en guerre de Mussolini (à gauche). Depuis plusieurs mois, la propagande du régime ne connaît plus de limites aux revendications territoriales, notamment vis-à-vis de la France, souvenirs du Risorgimento et rivalités coloniales mêlés : Nice et Savoie, Corse, Tunisie, Djibouti...

Soldats italiens en Libye (en haut) et dans les montagnes de l'Epire durant l'hiver 1940 (en bas). Engagées sur des fronts trop divers et trop distants les uns des autres, les armées italiennes sont bientôt réduites à la défensive. L'assaut contre la Grèce, en particulier, se transforme en désastre.

A droite. En Afrique du Nord, en 1941, des servants italiens s'affairent autour d'un appareil de DCA 88 mm allemand.

tant déjà fort à faire avec la marine anglaise et ses puissants bastions d'Afrique et de Méditerranée — au premier rang desquels Malte ; pour l'armée italienne, ces objectifs lointains et difficiles constituent autant de défis stratégiques.

La logique du "brigandage" — ainsi théorisée par les chefs fascistes eux-mêmes — et de la guerre parallèle amène les dirigeants italiens à envisager la conquête de la Grèce. La date de l'invasion est fixée par Ciano et Mussolini au 28 octobre 1940, jour anniversaire de la Marche sur Rome.

L'attaque qui devait "briser les reins de la Grèce" débouche sur un fiasco total : les troupes italiennes, pourtant fortes de 70 000 hommes au départ — en tout, 550 000 devront être engagés dans la campagne de Grèce —, sont refoulées et la petite armée grecque en vient à menacer sérieusement les frontières de l'Albanie italienne. Dans le gel et la boue des tranchées balkaniques, les soldats italiens paient un énorme tribut à la guerre fasciste : quatorze mille morts, trois mille disparus et des dizaines de milliers de blessés, dont dix-huit mille ont eu les membres gelés. Moins d'un an après le début de la campagne, en avril 1941, l'Allemagne doit voler au secours de son allié en difficulté.

Le 12 novembre 1940, la marine britannique soumet le port militaire de Tarente à un impitoyable bombardement qui met hors de combat les meilleures unités de la flotte italienne. Sur le front libyen, le cours des opérations n'est pas plus favorable : les troupes de Graziani sont placées sur la défensive ; en janvier 1941, les forces du général Wavell provoquent la déroute italienne et font plus de 130 000 prisonniers. En mai 1941, les Anglais procèdent à la reconquête de l'Ethiopie où ils réinstallent Hailé Sélassié sur son trône d'Addis-Abeba : l'empire d'Afrique orientale, auquel le fascisme avait consacré tant de ressources et dont la conquête avait été le signe avant-coureur de la crise internationale, est le premier à s'écrouler.

Gravement compromis, le sort des armées italiennes est désormais étroitement dépendant des initiatives allemandes. Il faudra l'intervention des armées hitlériennes en Yougoslavie et en Grèce pour sortir les Italiens du bourbier albanais. La Yougoslavie est dépecée et l'armée italienne se transforme en force d'occupation : tandis que les provinces de Lubiana (Ljubljana), Spalato (Split), de Cattaro et des bouches du Kotor, au sud de Raguse-Dubrovnik, sont directement annexées par l'Italie, la couronne du royaume fantoche de Croatie est offerte à la Maison de Savoie. Une nouvelle étape est franchie lorsque Mussolini insiste pour engager ses forces auprès de Hitler contre l'URSS dès le 22 juin 1941, jour de l'invasion. Le corps expéditionnaire italien (ARMIR) va être progressivement renforcé — en hommes sinon en matériel — jusqu'à former une véritable armée forte de 230 000 hommes ; après la défaite de Stalingrad, l'ARMIR sera horriblement dé-

L'espoir qu'avait Mussolini de conduire sa propre guerre parallèlement à celle de l'allié nazi se révèle être une illusion dangereuse. Seule l'intervention allemande sauvera l'armée italienne d'un désastre total en Grèce et en Albanie.

cimé pendant la retraite de l'hiver 1943. L'Italie avait signé le 30 septembre 1940 un pacte tripartite avec l'Allemagne et le Japon ; c'est cette alliance qui, à la suite de l'attaque japonaise sur Pearl Harbor le 7 décembre 1941, provoque l'entrée en guerre des Etats-Unis contre les puissances de l'Axe : les ennemis de l'Italie fasciste se multiplent alors que la fortune des armes se retourne.

Un pays qui souffre

Si l'Italie fasciste est le second couteau du Pacte d'acier, elle a pourtant beaucoup contribué à l'élargissement du théâtre des opérations de cette guerre qui n'épargne pratiquement aucune partie du monde. Tant que la guerre est menée loin des frontières italiennes et que les pertes en vies humaines et en matériel restent limitées, l'état du front intérieur ne préoccupe guère les autorités fascistes. Mais avec la poursuite du conflit, le pays est bouleversé ; les multiples privations et sacrifices imposés par le régime sont de moins en moins bien acceptés par la population.

En route pour le front de l'Est, la division "Pasubio" défile devant Mussolini. Commencée en 1941, l'aventure russe s'achève en 1943 ; durant la seule retraite sur le Don, soixante-dix mille Italiens vont périr.

Jusqu'alors, la figure du Duce avait été relativement épargnée par les rumeurs et les critiques souterraines, lesquelles visaient en revanche les différents hiérarques fascistes : Ciano, auquel on reproche la richesse et le dandysme ; les différents successeurs de Starace à la tête du PNF : Ettore Muti, Adelchi Serena, Aldo Vidussoni, brocardés pour leur incompétence ; les jeunes ministres obséquieux qui s'accrochent aux basques du Duce pour favoriser leur avancement, etc. Dans ce climat de corruption qui flotte au-dessus des cercles dirigeants, la figure même de Mussolini commence à être l'objet de critiques acerbes de la part de populations pour lesquelles le poids de la guerre devient insupportable.

Le chef se fait lointain ; il ne parcourt plus les villes et villages en fête et ne s'adonne plus aux "bains de foule" ; en un mot, il ne donne pas l'impression de partager les souffrances de son peuple. Ainsi que l'a fort justement observé l'écrivain Italo Calvino, l'iconographie officielle du Duce a changé ; après 1922, ses réels talents de mise en scène lui avaient permis de valori-

Tant que la guerre est menée loin des frontières italiennes, tant que les pertes en vies humaines et en matériel restent limitées, l'état du front intérieur ne préoccupe guère les autorités fascistes. Mais la succession de revers militaires coupe irrémédiablement la population de ses dirigeants.

ser à loisir certains de ses traits : sa calvitie naissante est dissimulée par un crâne totalement rasé ; ses yeux proéminents d'un aspect inquiétant ne sont plus représentés de face mais de profil… Au fil des ans cependant, c'est la fameuse "mâchoire volontaire", toujours plus dure, qui est mise en avant ; les yeux se réduisent à des fissures ; le casque, enfin, recouvre totalement le chef. L'image du Duce s'est progressivement métamorphosée : le *pater familias* bienveillant s'est transformé en une statue du commandeur sourde et muette. Avec les deuils des familles de soldats tombés au front, les vieux spectres de la pénurie, voire de la famine, font leur réapparition…

La politique d'autarcie a déjà englouti les richesses du pays et l'épargne de la population. Le système des cartes de rationnement multiplie les détournements et les passe-droits tandis que le marché noir s'épanouit. Les rations de nourriture délivrées baissent de manière dramatique : dès 1942 la ration journalière de pain passe de 200 à 150 grammes ; les couches populaires urbaines sont les plus touchées par la pénurie. Le régime, qui a désormais perdu la plus grande part de sa crédibilité, axe sa propagande intérieure sur la culture des "jardins de guerre" : le parvis du Dôme de Milan est ainsi recouvert de terre et transformé en potager !

Signe de leur désaffection croissante à l'égard du régime, les Italiens suivent massivement les émissions diffusées par l'ennemi, comme celles du célèbre colonel Stevens sur la BBC : les informations des Alliés sont jugées plus fiables que les bulletins officiels. En Italie même, Radio-Vatican et l'*Osservatore Romano* s'imposent comme la meilleure référence locale, préférable aux communiqués officiels reproduits par les médias fascistes.

Ce n'est plus une poignée d'opposants, mais bien des millions de personnes qui se retournent contre le fascisme. Cet "antifascisme de guerre", dont l'apparition soudaine surprend les observateurs, est sympto-

*Un portrait officiel de Mussolini au début de la guerre.
Au fil des ans, l'image du Duce diffusée par la propagande s'est durcie ; l'accoutrement militaire se fait systématique, la fameuse "mâchoire volontaire" s'est accentuée…*

matique : le lien organique entre le fascisme et la guerre est clairement perçu par la population. Les jeux de
mots et les plaisanteries amères, jusqu'alors monnaie
courante, laissent place à de véritables manifestations
de colère : on exige dans un même mouvement la fin
de la guerre et du fascisme, le pain et la paix.

Le second conflit mondial n'a pas donné lieu aux
phénomènes d'insoumission et de désertion qui a-
vaient émaillé la guerre de 1915-1918. Mais entre
1942 et 1943, une véritable résistance civile se manifeste qui entame la mobilisation de guerre décrétée

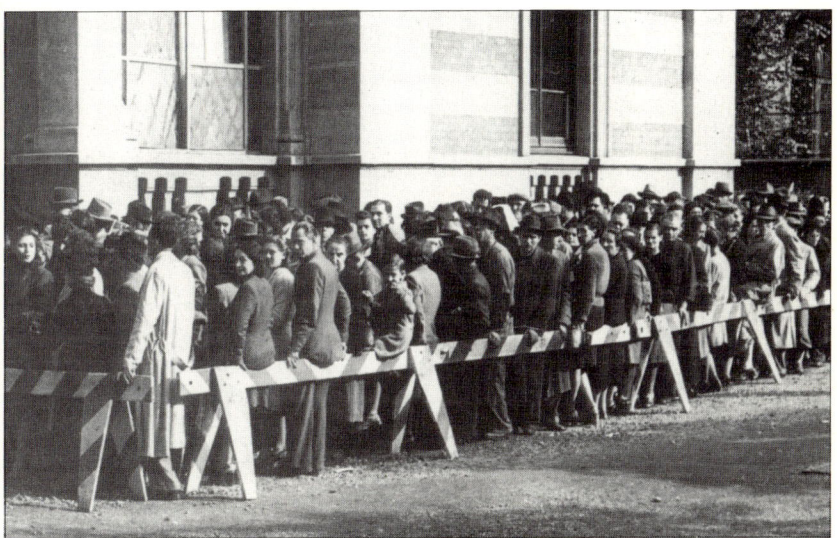

par la dictature et la solidarité sans faille des masses
dont se prévalait le régime. Tous les soldats mobilisés
sont inscrits d'office au PNF, mesure qui ôte son dernier résidu de vraisemblance au caractère "volontaire"
des adhésions en même temps que toute signification
politique au nombre de militants inscrits.

En outre, aucune des organisations fascistes ne se
montre capable de porter le moindre secours à la population civile ; aussi sont-elles progressivement sup-
plantées par l'Eglise. Le prestige personnel du nouveau
pape Pie XII s'accroît de manière inversement proportionnelle à la popularité de Benito Mussolini et des
gouvernants.

*En 1943, la population mila-
naise fait la queue pour retirer
ses cartes de rationnement.
Face aux nouvelles désastreuses
du front et aux restrictions
imposées par l'économie
de guerre, les Italiens
commencent à se détacher
progressivement du régime.*

Bersagliers italiens en Tunisie. Les dernières troupes de l'Axe présentes en Afrique du Nord se rendent aux Anglo-Américains le 13 mai 1943.

La chute de Mussolini et l'armistice

Bien que l'habileté de Rommel ait permis de colmater les brèches du front italien en Afrique, le débarquement des Alliés au Maroc déplace le théâtre principal des opérations vers la Méditerranée ; l'Italie se retrouve exposée en première ligne : dès l'automne 1942, Gênes et d'autres cités du nord de la péninsule sont soumises à de terribles bombardements ; en mai 1943, après la défaite d'El-Alamein, les forces italo-allemandes de Libye doivent capituler : deux cent mille soldats italiens sont faits prisonniers. Au mois de juin, les Anglo-Américains s'emparent de l'île de Pantelleria, tête de pont vers la Sicile où ils débarquent le 10 juillet : l'invasion de l'Italie, que Churchill avait qualifié de "ventre mou de l'Axe", commence.

Le dernier remaniement ministériel effectué par Mussolini en février 1943, qui s'était traduit par la mise à l'écart de nombreux hiérarques et de collaborateurs de toujours, remplacés par des personnalités de second plan, n'a pas regonflé le moral de la population.

En mars 1943, les dirigeants fascistes apprennent avec stupeur que des grèves viennent d'éclater dans plusieurs centres industriels : si les ouvriers réclament des augmentations de salaire et des mesures économiques, çà et là des voix s'élèvent de plus en plus fortement contre la guerre.

La réaction incrédule puis furieuse de Hitler révèle à quel point la tenue d'une grève dans un pays fasciste et, qui plus est, engagé dans une guerre totale, constitue un événement extraordinaire : depuis la grève d'Amsterdam contre la déportation des Juifs en 1941, c'est le premier débrayage qui éclate dans l'Europe soumise au joug fasciste. Le dictateur allemand ne s'y trompe pas : il s'indigne vigoureusement devant une telle manifestation d'antifascisme et commence peut-être à nourrir quelques doutes sur la capacité de Mussolini à conserver le contrôle de la situation. Pour venir à bout des grévistes de mai 1943, Mussolini devra manier le bâton de la répression mais aussi la carotte des concessions salariales.

Les communistes ont été parmi les organisateurs les plus actifs de cette grève, mais aussi d'autres partis antifascistes reconstruits dans la clandestinité. Certains adoptent des noms nouveaux : c'est le cas de la Démocratie chrétienne dirigée par De Gasperi et Dossetti, héritière du Parti populaire ; d'autres, au contraire, surgissent ex nihilo, comme le Parti d'action de Ferruccio Parri, qui récupère une partie de l'héritage de *Giustizia e Libertà*.

Des contacts se renouent, du matériel de propagande s'échange : un nouveau réseau de solidarité se crée, brisant les anciens antagonismes politiques. Les par-

Entrée des Américains à Palerme. L'Opération Husky, le plan d'invasion de la Sicile par la VIIe armée américaine de Patton et la VIIIe armée anglaise de Montgomery, est déclenchée le 10 juillet 1943. Les dernières troupes italo-allemandes doivent abandonner l'île le 18 août. A cette date, Mussolini a déjà été renversé.

tis antifascistes s'apprêtent à assumer de nouveau un rôle actif au sein de la société italienne.

Ils sont cependant encore loin d'avoir la force de déclencher l'insurrection. La chute du régime mussolinien est d'abord la conséquence de la défaite militaire : après la perte de la Sicile, l'invasion de la péninsule semble désormais inévitable et imminente. Durant l'été 1943, une double conjuration de l'*establishment* — dirigeants fascistes d'un côté, partisans du roi de l'autre — réussit à prévenir un soulèvement ouvertement antifasciste de la population.

Dans la nuit du 24 au 25 juillet, alors qu'il n'avait pas été convoqué depuis des années, le Grand Conseil tient son ultime réunion : l'ordre du jour de Grandi, qui propose de remettre au roi la responsabilité de la conduite de la guerre, est adopté ; Mussolini vient d'être mis en minorité par ses propres acolytes. Cette séance historique n'a été en réalité qu'un détonateur qui a servi de prétexte juridique à Victor-Emmanuel pour convoquer le Duce et le révoquer.

LE COMMUNIQUÉ DU 25 JUILLET 1943

C'est dans la nuit du 24 au 25 juillet 1943 que le Grand Conseil du fascisme vote la défiance à l'encontre de Mussolini. Le journal radiodiffusé annonce la nouvelle le 25 juillet, à 22 heures 45 : "Sa Majesté le Roi et Empereur a accepté les démissions de ses fonctions de Chef du Gouvernement, Premier ministre et Secrétaire d'Etat, de Son Excellence Benito Mussolini ; elle a aussitôt procédé à la nomination aux fonctions de Chef du Gouvernement, Premier ministre et Secrétaire d'Etat du chevalier, maréchal d'Italie Pietro Badoglio." Aucune mention n'est faite du sort de Mussolini. Deux proclamations sont ensuite diffusées.

Dans la première, le roi affirme que l'Italie a retrouvé, "dans le respect de ses institutions, qui ont toujours assuré son progrès, la voie du salut".

Dans la seconde proclamation, Badoglio annonce : "La guerre continue. L'Italie, durement touchée dans ses provinces envahies, dans ses cités détruites, garde foi en la parole donnée et reste le gardien jaloux de ses traditions millénaires. Serrons les rangs autour de Sa Majesté, Roi et Empereur, incarnation vivante de la Patrie, exemple pour tous. La consigne que j'ai reçue est claire et précise : elle sera scrupuleusement exécutée ; quiconque penserait pouvoir en entraver le déroulement ou tenterait de troubler l'ordre public sera inexorablement châtié." ■

Le maréchal Pietro Badoglio (1871-1956).

Le vieux souverain, soutenu par quelques diplomates et militaires fidèles, a préparé son coup d'Etat avec soin. Mussolini est aussitôt arrêté et remplacé par le maréchal Badoglio. Dans la soirée du 25 juillet, l'annonce par la radio de la démission — mais non de l'arrestation — de l'ex-Duce suscite des manifestations de soulagement et de joie dans le pays. On a soutenu que ce coup d'Etat était destiné à faire la part du feu, à conserver l'essentiel des acquis du fascisme en sacrifiant Mussolini. Cette interprétation, si elle est quelque peu sommaire, n'est sans doute pas dénuée de tout fondement.

Quelques jours après la chute du fascisme, l'armée investit le siège du Faisceau de Milan et décroche les insignes du régime. Le message radiodiffusé de Badoglio annonçant la démission de Mussolini a été accueilli par des manifestations de joie, surtout parce que l'on croit la fin de la guerre proche.

Aussi incroyable que cela puisse paraître, du jour au lendemain les fascistes semblent s'être volatilisés : pas un des "mousquetaires du Duce" ne lève le petit doigt pour protester ; les chefs du Parti et de la Milice confient la responsabilité de leurs organisations aux militaires ; chemises noires, fez et autres uniformes fascistes disparaissent ; pas un ne se souvient d'avoir arboré à la boutonnière, la veille encore, la "punaise", insigne du PNF.

Dès l'annonce de la chute de Mussolini, le roi et Badoglio affirment au pays qu'ils ne toléreront aucun débordement. Pas question de faire le procès de l'ancien régime, encore moins de manifester sur la voie publique : "Aucune insubordination ne saura être tolérée, aucune récrimination ne saura être acceptée", déclare Victor-Emmanuel dans sa première proclamation radiodiffusée. Dans une deuxième, Badoglio affirme lui que la guerre continue aux côtés de l'allié allemand, comme si de rien n'était. Il n'y a donc pas de tournant ouvertement antifasciste ou démocratique.

Le nouveau gouvernement, essentiellement constitué de techniciens et de militaires, va louvoyer durant plusieurs semaines : tout en refusant de légaliser les partis antifascistes, il tente de nouer des contacts secrets avec les Alliés afin de permettre à l'Italie de se retirer du conflit. Durant ces "Quarante-Cinq Jours" qui courent du 25 juillet au 8 septembre 1943, la police et

La foule abat les symboles du fascisme dans les rues de Rome. Dans les semaines qui suivent le 25 juillet, le gouvernement Badoglio évite cependant de légaliser les partis antifascistes ; il ne recherche pas non plus le soutien de la population dans ses manœuvres improvisées de rupture avec les Allemands.

l'armée ouvriront à plusieurs reprises le feu contre des manifestants sans armes qui réclament la paix ou la libération des prisonniers politiques condamnés par le Tribunal spécial fasciste. Les syndicats libres et les partis démocratiques continuent à agir dans des conditions de semi-clandestinité. Victor-Emmanuel III et Badoglio ne veulent pas en appeler au peuple qu'ils se refusent à considérer comme un allié dans leur tentative d'abandon du navire allemand. Entre-temps, les nazis ont dépêché dans la péninsule huit divisions, soit presque autant que l'ensemble des forces opérationnelles italiennes.

Les émissaires de Badoglio ne réussiront pas à arracher à Eisenhower, commandant en chef des forces alliées, mieux qu'une capitulation sans conditions. L'armistice, signé à Cassibile en Sicile le 5 septembre, n'est rendu public que trois jours plus tard, le temps pour Victor-Emmanuel, sa famille, Badoglio et toute une partie de l'état-major, de fuir Rome, gagner la côte abruzzaine et se mettre hors de portée des Allemands.

L'abandon de la capitale et la "fuite à Pescara" constituent un véritable coup de grâce infligé à la nation et à l'Etat. Victor-Emmanuel et le maréchal Badoglio étaient parvenus à se faire reconnaître par les Alliés comme les seuls représentants légitimes de l'Italie et les garants de sa défaite militaire. Mais après leur départ, des groupes de civils se forment spontanément pour organiser la défense de Rome contre les armées allemandes : c'est le vrai début de la Résistance italienne. Le 9 septembre, un Comité de libération nationale (CLN) formé par tous les partis antifascistes appelle le peuple "à la lutte et à la résistance pour reconquérir l'Italie et lui rendre la place qui lui revient au sein des nations libres".

Le 9 septembre 1943, un canon défend les portes de Rome. Dans les heures convulsives qui suivent la fuite du roi à Pescara et l'annonce de l'armistice avec les Alliés, soldats et civils cherchent spontanément à s'opposer à l'entrée des troupes allemandes dans la capitale. C'est le début de la Résistance italienne.

Chapitre 8

LA POSTÉRITÉ
DU FASCISME

LA CHUTE DE MUSSOLINI NE SIGNIFIE PAS LA FIN DU FASCISME. APRÈS L'INTERMÈDE DE LA RÉPUBLIQUE DE SALÒ ET LA LUTTE DE LIBÉRATION, APRÈS LA MORT MÊME DE SON FONDATEUR, LE FASCISME CONTINUE À TRAVERSER LE COURS DE L'HISTOIRE ITALIENNE.

De 1922 à 1943, histoire du fascisme et histoire de l'Italie se sont recoupées chronologiquement, sans toutefois s'identifier complètement. On ne peut en effet attribuer tout ce qui fut fait en Italie durant cette période au fascisme en tant que système politique dominant, même si celui-ci a pu, grâce à la propagande, se glorifier des progrès technologiques et scientifiques réalisés ou des quelques améliorations dans les domaines de l'hygiène, de la santé et de l'éducation.

En 1943 se rompt définitivement la continuité de ce rapport entre histoire du fascisme et histoire de l'Italie. Devenu une sorte d'appendice de 1943 à 1945, le fascisme poursuit dès lors le fil de sa propre histoire jusqu'à nos jours, certes loin du pouvoir, mais comme une menace toujours bien vivante.

Après la trahison monarchique du 8 septembre 1943, l'État connaît sa plus grave crise depuis les jours de l'Unité ; l'Italie est divisée en deux, occupée au centre et au nord par l'envahisseur allemand, au sud par les Anglo-Américains. L'ensemble de l'appareil administratif implose, l'économie se réduit en pratique au seul marché noir, les forces armées se débandent, ce qui permet aux Allemands d'interner 600 000 militaires italiens en Allemagne. La poursuite de la guerre bouleverse chaque kilomètre carré du territoire national car le front, en se déplaçant vers le nord, enserre dans son étau toute la population civile, sans possibilité de salut aucune.

La grande galerie et l'hôpital central de Milan ont été bombardés par les Alliés en 1943. Après le 8 septembre, l'Italie est déchirée en deux : elle est occupée par les Allemands au centre et au nord, par les Anglo-Américains au sud. Cette situation dramatique est encore compliquée par les derniers soubresauts du fascisme et la constitution de la République de Salò.

La couverture d'un journal de Munich annonce l'arrivée de Mussolini après le coup de force des parachutistes allemands sur la montagne du Gran Sasso où le Duce était retenu prisonnier. Après s'être placé sous la protection de Hitler, Mussolini annonce sur Radio-Munich la constitution dans l'Italie du Nord d'une République sociale italienne.

Les services secrets allemands, qui avaient repéré l'endroit où les carabiniers de Badoglio avaient interné Mussolini, dépêchent un commando aéroporté SS sur la montagne du Gran Sasso qui enlève l'ex-Duce et le conduit en Allemagne. Placé sous la protection des nazis, Mussolini lance alors un appel à ses compatriotes depuis la station de Radio-Munich : il déclare la déchéance de la monarchie et la proclamation d'un nouvel Etat, la République sociale italienne. Il ne s'agit pas en réalité d'un Etat souverain dans la mesure où l'étendue de sa juridiction coïncide avec les régions contrôlées par l'administration militaire allemande ; en outre, celle-ci annexe de facto au Reich certains territoires de l'Italie septentrionale : les provinces de Bolzano, Trente, Belluno et des parties de la Vénétie julienne.

La République sociale italienne

Si la forme républicaine de gouvernement, choisie par Mussolini, procède d'une réaction à l'humiliation infligée par Victor-Emmanuel III, la République sociale italienne n'a de républicaine que le nom ; cet Etat fantoche sert de façade à la collaboration avec l'Allemagne. L'annonce d'un programme de "socialisation" — qui ne sera jamais mené à bien — n'est qu'une tentative du dictateur déchu pour se refaire une image politique en recourant à la phraséologie anticapitaliste de ses débuts. En attendant, les lambeaux de l'appareil d'Etat, préfectures et questures, vont être utilisés pour aider les nazis dans leur entreprise de pillage systématique des ressources matérielles et humaines du territoire. C'est surtout dans ce domaine que le néofascisme républicain déploie son savoir-faire : en menant la chasse aux résistants et en terrorisant la population civile.

Le nouveau parti fasciste ne récupère qu'une infime partie des adhérents du PNF ; en revanche la Milice, reconstituée sous le nom de Garde nationale républicaine, s'adjoint des unités de carabiniers. La République sociale ne réussira cependant pas à reconstituer une véritable armée, dont les maigres troupes sont placées sous les ordres du maréchal Graziani. Quasiment réduit à l'impuissance, Mussolini est ainsi bien incapable de peser sur le sort de la bataille qui fait rage en Italie ; et encore moins de jouer un rôle international. La RSI ne sera pas en mesure d'établir, à l'instar des autres Etats, de véritables relations diplomatiques avec l'étranger. Pour tout dire, le nouveau régime n'arrive même pas à se doter d'une capitale. Ses divers ministères sont éparpillés entre plusieurs localités de Lombardie et de Vénétie. Le nom de "République de Salò", retenu par l'histoire, est celui d'une petite cité balnéaire où, sur les rives du lac de Garde, Mussolini a établi sa résidence. C'est dans cette villa Feltrinelli que se regrou-

Une formation d'auxiliaires de la République sociale italienne, à Milan, en septembre 1943. Si l'appel de Mussolini à embrasser les armes pour défendre "l'honneur" de la patrie rencontre un certain succès, notamment auprès des jeunes, le nouvel Etat ne parviendra jamais à constituer une véritable armée. Ses forces, placées sous la direction du maréchal Graziani, sont surtout engagées dans des opérations de police.

LA RÉPUBLIQUE DE SALÒ

Le nouvel Etat fasciste a adopté le nom de République sociale italienne le 25 novembre 1943; jusqu'alors, ses dirigeants utilisaient indistinctement les termes d'"Etat républicain d'Italie", "Etat fasciste républicain", ou encore "Etat national républicain". Le manifeste de la République de Salò promet l'élection du chef de l'Etat pour cinq ans, proclame la déchéance de la monarchie, convoque une assemblée constituante, fait du Parti l'unique agent de l'éducation politique du peuple — consentant néanmoins à ne pas subordonner un emploi public à son adhésion. Il proclame que le catholicisme est religion d'Etat, que les juifs sont des étrangers appartenant à une nationalité ennemie du fait de la guerre en cours,

invoque la nécessité d'un "espace vital", la constitution d'une "communauté européenne" et la liquidation des "intrigues séculaires de la Grande-Bretagne sur le continent". Il affirme encore quelques principes d'inspiration socialisante:

"**9.** Le fondement et l'objectif principal de la République sociale sont le travail envisagé sous toutes ses formes, manuel, technique ou intellectuel.
10. La propriété privée, fruit du travail et de l'épargne individuelle, facteur d'épanouissement de la personnalité humaine, est garantie par l'Etat. Elle ne doit cependant pas entraver la personnalité physique et morale des autres hommes par l'exploitation indue de leur travail.
11. Au sein de l'économie nationale, tout ce qui, par ses dimensions ou ses fonctions,

sort de la sphère des intérêts individuels pour entrer dans celle de l'intérêt collectif échoit à la sphère d'action propre à l'Etat.
12. Dans chaque entreprise, qu'elle soit individuelle, privée, paraétatique ou étatique, les représentants des techniciens et des employés doivent coopérer intimement — au moyen d'une connaissance directe de la gestion — et recevoir une proportion équitable des bénéfices du fond de réserve et du capital actionnaire. Dans certaines usines, il conviendra d'étendre les prérogatives dont jouissent les actuels comités d'entreprise." ■

La villa des Ursulines à Salò sur le lac de Garde, siège du Quartier Général de la République sociale.

pe le dernier carré des fidèles : collaborateurs de second plan et dirigeants philonazis comme Pavolini, Ricci, Farinacci et Buffarini-Guidi. Fort peu de célébrités du régime précédent l'ont accompagné dans cette ultime aventure. Dans le domaine de la culture, on ne compte guère que les noms de Gentile et de Marinetti.

Au début de l'année 1944, à Vérone, un simulacre de procès est mené contre les anciens hiérarques qui avaient voté la déchéance de Mussolini dans la nuit du 25 juillet 1943. Parmi les condamnés à mort, figurent le "quadrumvir" historique Emilio De Bono et Galeazzo Ciano, le propre gendre de Mussolini.

Violence et fanatisme, mythe du chef, antisémitisme, alignement quasi total sur l'idéologie nazie, tels sont les principaux traits par lesquels se manifeste le néofascisme républicain. Les uniformes eux-mêmes, avec leurs emblèmes à tête

de mort, et les chants de marche, qui sont autant d'incantations macabres, sont révélateurs de ce délire nihiliste qui s'empare d'un régime en pleine débâcle, où se côtoient tortionnaires endurcis et jeunes adolescents.

Quant à Mussolini, abattu par les épreuves et les humiliations, il n'a plus aucun contrôle sur la situation. Il baigne dans une forme d'irréalité. C'est ainsi qu'il demande à ses chefs militaires copie de vieux décrets royaux de 1863 contre le brigandage méridional : il espère y trouver Dieu sait quelle inspiration ou justification juridique contre les forces antifascistes, les "bandits" du jargon néofasciste !

La Résistance et le Comité de libération nationale sont désormais en mesure de déployer une activité politique qui ne se limite plus à des actions de sabotage, mais préparent aussi l'insurrection générale pour délivrer le pays et œuvrer à la reconstruction.

L'une des dernières images de Galeazzo Ciano dans sa prison de Vérone. Le procès de Vérone, qui se conclut par une série de condamnations à mort, donne l'occasion à Mussolini d'exercer sa vengeance contre les membres du Grand Conseil qui avaient voté l'ordre du jour de Grandi le 25 juillet 1943. C'est ainsi que Ciano et De Bono seront passés par les armes.

L'entrée des partisans dans Milan après la libération de la ville le 25 avril 1945; à la tête du cortège, on retrouve Ferruccio Parri, Raffaele Cadorna et Luigi Longo. Le mot d'ordre de l'insurrection générale a été lancé par le Comité de libération nationale au printemps 1945: Milan, Turin et Gênes seront libérés avant l'arrivée des Anglo-Américains.

La Résistance et la libération

Après la libération de Rome en juin 1944, Badoglio doit passer la main, et les partis antifascistes constituent le gouvernement Bonomi; en août, Florence et la Toscane sont libérées et les pouvoirs locaux sont assumés par le Comité de libération nationale. Au nord de la "ligne gothique", c'est une armée désormais organisée de partisans qui, sous les ordres de Ferruccio Parri du Parti d'action et du communiste Luigi Longo, mène la vie dure aux troupes allemandes.

Les néofascistes vont encore se distinguer aux côtés des unités SS *Kappler* et *Reder* en multipliant les massacres et les représailles contre la population civile, hommes, femmes et enfants confondus. En août 1944, toute la population du village de Sant'Anna di Stazzema est massacrée; en septembre, ce sont mille huit cents civils qui périssent de la main des SS à Marzabotto, près de Bologne. Les *repubblichini* de Mussolini mènent la chasse contre les partisans et les juifs afin de les expédier dans les camps d'extermination allemands et organisent des rafles pour le compte de l'organisation nazie du travail Todt.

Lorsque les Anglo-Américains déclenchent l'offensive finale contre les Allemands au printemps 1945, le CLN lance le mot d'ordre de l'insurrection générale ; les grandes villes du nord de l'Italie sont libérées par les unités de partisans. Mussolini, qui tente de s'échapper vers la Suisse en se déguisant sous un uniforme allemand, est capturé puis exécuté sur ordre du CLN en compagnie de sa maîtresse, Clara Petacci, et d'autres "hiérarques", parmi lesquels Alessandro Pavolini, l'ultime secrétaire du parti fasciste républicain. A la fin du mois d'avril, toute l'Italie est enfin libérée.

Les lendemains de la guerre

Le fascisme est réduit au silence. Mais les nouveaux gouvernants italiens répugnent à procéder à une épuration intensive et générale. Certes, quelques décrets-lois autorisent le jugement des chefs fascistes, des principaux responsables de l'entrée en guerre, des activistes du parti et de la Milice coupables de crimes politiques et des collaborateurs des Allemands après le 8 septembre 1943. On formule encore le souhait de purger la haute administration.

LA FIN DE MUSSOLINI

Lors de la débâcle finale, Mussolini nourrit l'espoir de gagner le havre de la Suisse neutre. Déguisé en soldat allemand, il fuit Milan à bord d'un camion de militaires en retraite. Arrêté et démasqué par un groupe de partisans le 27 avril 1945, il est fusillé le jour suivant sur ordre du CLN près de Dongo, au bord du lac de Côme. Son corps, ainsi que ceux de sa maîtresse Clara Petacci et d'autres hiérarques pris avec leur chef seront exposés sur la place Loreto de Milan, à l'endroit même du martyre de quinze otages fusillés par les fascistes en août 1944. C'est pendus par les pieds que les cadavres de Mussolini et de ses derniers compagnons seront exhibés et livrés au regard de la foule milanaise. L'écrivain Italo Calvino a dit qu'il ne souhaitait à personne de contempler cette ultime vision, cruelle et terrifiante… ∎

Deux des responsables de la capture de Mussolini à Dongo : le comte Pier Luigi Bellini delle Stelle ("Pedro" dans la clandestinité), commandant de la brigade de partisans qui a intercepté le convoi de Mussolini, pose aux côtés d'Urbano Lazzari ("Bill"), qui a reconnu le Duce et sa compagne, Clara Petacci.

Pietro Nenni, Meuccio Ruini, Olindo Vernocchi, Alcide De Gasperi et Palmiro Togliatti lors de la formation du gouvernement qui succède le 10 décembre 1945 au gouvernement Parri. Très vite, ce nouveau cabinet met un frein au mouvement d'épuration : c'est le secrétaire général du Parti communiste Palmiro Togliatti, alors ministre de la Justice, qui décrète une large amnistie dès le mois de juin 1946.

Mais à la fin de l'année 1945, après la brève expérience du gouvernement Parri, De Gasperi arrive à la direction du pays. Le dirigeant démocrate-chrétien préside un gouvernement de coalition dans lequel sont représentés tous les partis du CLN ; il impose néanmoins sa marque personnelle : le programme d'épuration, de rénovation institutionnelle et de reconstruction économique est infléchi dans le sens de la prudence et de la modération. De Gasperi pense que les valeurs forgées dans la résistance ont un caractère transitoire. En outre, Togliatti, secrétaire général du PCI alors ministre de la Justice, décrète une amnistie générale en juin 1946 ; celle-ci permet d'épargner les foudres judiciaires à une très vaste majorité de fascistes suceptibles d'être inquiétés. Nenni cherche encore à établir une série de critères destinés à faire rendre des comptes à tous les profiteurs du régime, à ceux qui ont fait carrière en raison de leur affiliation politique ; mais l'opération, qui se réduit au traitement de quelques cas isolés, est abandonnée après mai 1947, lorsque les partis de gauche sont exclus du gouvernement. Sur les 800 000 employés de l'Etat, seuls 1 874 sont licenciés et 671 contraints de présenter leur démission.

Mais parmi ces derniers, beaucoup seront réinté-grés par la suite... Les fortunes accumulées par quel-que 500 accapareurs sont estimées à vingt milliards de lires de l'époque, mais la loi qui en prévoyait la con-fiscation ne sera pas appliquée. En bref, les projets d'épuration sont mis sous le boisseau.

Entre-temps, lors du référendum du 2 juin 1946, les Italiens (et les Italiennes, qui viennent d'obtenir le droit de vote) choisissent la république contre la monarchie par 12,7 millions de voix contre 10,7 millions. La défaite de la monarchie signifie, à terme, l'élimination d'un sommet institutionnel de pouvoir qui avait toujours ser-vi de point de référence aux tournants autoritaires.

Le 10 février 1947, l'Italie signe la paix. Elle renon-ce aux conquêtes du fascisme (Albanie, Ethiopie), perd ses anciennes colonies africaines (Libye, Erythrée, So-malie) et des territoires acquis après 1918 : Zara et l'Istrie sont rattachés à la Yougoslavie, les îles du Do-décanèse à la Grèce ; le territoire de Trieste, placé sous administration alliée, ne lui sera rendu qu'en 1954.

La nouvelle constitution est entrée en vigueur le pre-mier janvier 1948. Avec le recentrage de l'échiquier po-litique autour de la Démocratie chrétienne et les dé-

Les résultats du référendum institutionnel du 2 juin 1946 sont proclamés. C'est lors de cette consultation que les femmes italiennes ont obtenu pour la première fois le droit de vote. Après la victoire de la république sur la monarchie, le roi Humbert II, qui était monté sur le trône après l'abdication de son père Victor-Emmanuel en mai 1946, quitte l'Italie.

A la fin de la guerre, le camp de Coltano près de Pise rassemble les prisonniers de la République sociale italienne (en haut). En 1952, le maréchal Graziani participe à un rassemblement de sympathisants du parti néofasciste, le Mouvement social italien (MSI). L'épuration des fascistes a été superficielle : dès 1950, Graziani a pu reprendre librement toutes ses activités et adhérer au MSI.

buts de la guerre froide, la politique de défascisation se fait encore moins virulente. Si l'on excepte Mussolini et les quelques hiérarques fusillés en avril 1945, la plupart des dirigeants fascistes ont survécu à la tourmente : certains, après avoir trouvé pendant quelque temps refuge auprès du Vatican ou dans la Légion étrangère, rentrent en Italie, comme Bottai qui devient directeur de journaux ; beaucoup se sont exilés dans des pays soumis à des régimes parafascistes, comme Grandi au Portugal, et tant d'autres dans l'Espagne franquiste ou en Amérique latine. Enfin, nombre d'anciens secrétaires du PNF, de ministres ou de membres du Grand Conseil du fascisme demeurent tranquillement en Italie.

La plupart des 1 204 criminels de guerre et des 69 suspects recensés par une commission ad hoc des Nations unies resteront impunis. Seuls quelques militaires passent en jugement mais, à l'instar de Graziani — commandant des forces armées de la République de Salò — et de Mario Roatta — chef des services secrets —, ils échappent à de lourdes peines. La liste des criminels de guerre fournie par l'Éthiopie à l'ONU comprend au premier chef le nom de Badoglio, qui réside librement en Italie ; quant à celle présentée par la Yougoslavie, y figurent les noms de deux citoyens (Taddeo Orlando et Achille Marazzo) qui, en 1947, occupent respectivement les postes de secrétaire général du ministère de la Défense et de sous-secrétaire du ministère de l'Intérieur.

Si, aux Affaires étrangères, on déplace évidemment la partie émergée de l'iceberg diplomatique fasciste — Giuseppe Saragat à Paris, Alberto Tarchiani à Washington —, on compte parmi les premiers représentants italiens à l'ONU l'un des diplomates qui avaient notifié la sortie de l'Italie fasciste de la SDN en 1937 ; des préfets — dont certains ont servi la République sociale — sont mis en disponibilité sans être radiés des cadres pour autant ; des "magistrats" du Tribunal spécial conservent leur droit à la retraite ; certains signataires du "Manifeste de la race" de 1938 gardent leurs chaires universitaires, comme Sabato Visco, toujours président de la Faculté des Sciences de Rome après 1945.

L'héritage du fascisme

Le délit d'apologie du fascisme est certes prévu par la loi italienne, mais il est sans doute l'un des mieux tolérés d'Italie ; les exemples abondent. De même, l'interdiction de "réorganiser, sous quelque forme que ce soit, le parti fasciste dissous", prévue dans les Dispo-

LA CONSTITUTION RÉPUBLICAINE

Si le régime fasciste s'effondre en 1943, son éradication suit un cours plus complexe, qui passe par l'avènement de la République le 2 juin 1946 et l'entrée en vigueur de la nouvelle Constitution le 1er janvier 1948. Mieux que tout autre, ce texte, notamment dans l'exposé de ses principes fondamentaux, exprime la nécessité du dépassement historique de l'expérience fasciste :
"**Art. 1.** L'Italie est une république démocratique, fondée sur le travail. La souveraineté appartient au peuple qui l'exerce selon les modalités prévues par la Constitution.
Art. 2. La République reconnaît et garantit les droits inviolables de l'homme, aussi bien individuels que sociaux, au travers des formations sociales qui lui permettent l'épanouis-sement de sa personnalité et l'accomplissement de ses devoirs (...) de solidarité politique, économique et sociale.
Art. 3. Toutes les citoyens jouissent de la même dignité sociale ; ils sont égaux devant la loi sans distinction de sexe, de race, de langue, de religion, d'opinion politique ni de condition personnelle ou sociale. (...)
Art. 5. La République, une et indivisible, reconnaît et favorise les autonomies locales ; elle réalise dans tous les services qui dépendent de l'État la plus ample décentralisation administrative. (...)
Art. 10. L'ordre judiciaire italien se conforme aux normes du droit international les plus généralement admises.
Le statut juridique de l'étranger est réglé par la loi en conformité aux normes et aux traités internationaux.
L'étranger auquel serait dénié dans son pays l'exercice effectif des libertés (...) garanties par la Constitution italienne se voit reconnaître le droit d'asile sur le territoire de la République selon les conditions établies par la loi. L'extradition d'un étranger poursuivi pour des motifs politiques est interdite.
Art. 11. L'Italie rejette la guerre en tant qu'instrument d'offense à la liberté des autres peuples et de résolution des différends internationaux ; elle consent, sous condition de réciprocité avec les autres Etats concernés, aux limitations de souveraineté nécessaires à la fondation d'un ordre susceptible d'assurer la paix et la justice entre les nations ; elle encourage et favorise les organisations internationales qui se consacrent à un tel but." ■

Giorgio Almirante (au centre) en compagnie de représentants du MSI. Ce parti, dont Almirante sera le secrétaire jusqu'à sa mort, est créé à Rome le 26 décembre 1946 dans le milieu des rescapés de la République sociale ; le nom même du mouvement explicite cette filiation, au mépris de la loi interdisant la reconstitution d'un parti fasciste.

sitions transitoires de la Constitution italienne est contournée dès l'année 1946, date de fondation du Mouvement Social Italien (MSI), lequel s'inspire ouvertement du fascisme.

Jusqu'à la fin des années cinquante, ce mouvement connaît moins de succès que les partis monarchistes ou que celui de *l'Uomo qualunque*, "l'homme quelconque", d'inspiration poujadiste, qui contestent victorieusement l'hégémonie de la Démocratie chrétienne dans de nombreuses circonscriptions de l'Italie méridionale. Par la suite cependant, le MSI réussit à s'affirmer sur la scène politique : lors des élections nationales, il recueille aujourd'hui entre 5 et 6 % des suffrages et, dans certaines grandes villes comme Naples ou Rome, il dépasse les 10 %.

Le Mouvement social est parvenu à canaliser l'opposition radicale de droite à l'ordre constitutionnel et démocratique ; il a montré sa force en négociant son soutien au gouvernement démocrate-chrétien de Fernando Tambroni, un accord qui ne sera contré que sous la pression de la rue en 1960 ; il prétend avoir contribué, par ses votes, à l'élection de deux présidents de la République ; d'une manière ou d'une autre, il a soutenu

plusieurs actions subversives, comme la tentative de coup d'Etat de Junio Borghese en 1970 ; enfin, il a alimenté de manière occulte toute une série de groupuscules extrémistes : "Troisième Voie", "Ordre Nouveau" ou bien "Ordre Noir"… qui constituent la matrice du terrorisme d'extrême droite italien.

Manifestations de protestation à Reggio Emilia en 1960 contre le gouvernement Tambroni qui, formé en mars de la même année, avait reçu l'investiture du Parlement avec l'apport décisif des voix du Mouvement social.

La disparition de la monarchie et le parlementarisme affirmé de la République italienne ont empêché la dérive autoritaire que la droite extrême et le terrorisme d'inspiration fasciste appellent de leurs vœux ; par ailleurs, le déclin de l'idéologie nationaliste et des rêves impériaux, la chute des Etats para fascistes de la péninsule Ibérique, de Grèce, d'Amérique latine, tout permet de penser que la prévision formulée par Mussolini en 1932 — "le XXᵉ siècle sera le siècle du fascisme" — est enfin devenue obsolète. Pourtant, même si l'éventualité reste peu probable, un récent sondage indique que plus de 90 % des Italiens considèrent que le fascisme et le terrorisme représentent dans l'absolu le plus grand danger potentiel pour l'Italie ; il est vrai que 30 % des personnes interrogées font une exception pour la figure de Mussolini et le considèrent sous un jour favorable. Ce sondage est un autre symptôme de l'héritage ambigu du fascisme.

Les problèmes actuels posés par les tendances régionalistes centrifuges, ou les difficultés d'intégration d'immigrés "extra-communautaires" toujours plus nombreux pourraient, certes, alimenter une réaction violente. Mais il semble improbable que celle-ci puisse se réclamer directement du fascisme. La droite italienne ne semble pas disposée à chevaucher la vague de sentiments xénophobes. En Italie, le Mouvement social n'a pas encore réussi à exploiter électoralement les préjugés racistes qui ont permis au Front national de Jean-Marie Le Pen de franchir le seuil des 15 % de suffrages en France.

Depuis le balcon du siège de leur parti, des membres du Mouvement social italien effectuent le salut fasciste.

Il n'en reste pas moins que les premières années de la République italienne ont été profondément marquées par les séquelles de la période fasciste ; l'impact du renouveau politique, institutionnel et constitutionnel des années 1945-1947 a été rapidement amorti. A partir de 1948, on assiste à un refoulement politique de l'expérience fasciste. Au moment même où l'on glorifie de manière grandiloquente la Résistance, célébrée à l'égal d'un "second Risorgimento", l'entreprise de démantèlement des structures administratives de l'Etat fasciste passe au second plan...

Les signes extérieurs du fascisme ont été très rapidement effacés, mais ce ravalement de façade a permis le maintien d'entreprises et de structures mises en place par Mussolini qui portent la marque particulière de l'Etat fasciste. Le gigantesque secteur public de l'économie et son vaste *hinterland* d'agences "paraétatiques" ont certainement été un obstacle à la modernisation de l'Etat italien : la transparence des marchés publics et l'indépendance des pouvoirs politiques et économiques sont encore bien loin d'être réalisées en Italie...

Cette dilatation de l'Etat-entrepreneur, qui distingue singulièrement l'Italie de ses partenaires européens, est encore une séquelle du fascisme. Le monopole d'Etat sur les assurances, la participation directe et massive de l'Etat dans les secteurs bancaire, financier, énergétique et industriel — de l'agro-alimentaire à la sidérurgie, des télécommunications à la presse — y trouvent aussi leur fondement historique.

Un bilan historique précis de l'héritage fasciste se devrait d'étudier point par point, secteur par secteur, le poids et les modalités de l'influence persistante de cette dictature longue de vingt années et dont les réalisations multiples n'ont pu être éradiquées par la très brève révolution antifasciste de 1945. A un demi-siècle de distance, ce bilan commence à peine à être dressé par les historiens.

Le simple principe de la continuité de l'Etat a aussi joué un grand rôle. Ainsi, la Charte constitutionnelle a dû reprendre intégralement en son article 7 les textes des accords du Latran passés entre l'Etat fasciste et le Vatican; de même, la culture ultracentralisatrice du fascisme est l'un des facteurs qui ont empêché de mener à bien avant les années 1970 la décentralisation administrative et la régionalisation pourtant stipulées par la Constitution... de 1948! La république a aussi dû réutiliser l'école, la magistrature, la police et la bureaucratie qui lui avaient été léguées par le fascisme. Le poids des habitudes et des pratiques administratives a continué de jouer: encore aujourd'hui, la morgue de l'administration italienne à l'égard du simple citoyen évoque par certains côtés celle des fonctionnaires du roi d'Italie à l'encontre de ses très humbles sujets.

Notons encore que les Codes pénal (1930) et civil (1941), les législations de la banque (1938), de la conservation du patrimoine artistique (1939), de l'urbanis-

Echauffourées en juin 1960 à Gênes où, fort du soutien du gouvernement Tambroni, le MSI a décidé de tenir congrès: les Génois répondent par une mobilisation générale. Les bagarres qui éclatent entre la police, les fascistes et les antifascistes font des centaines de blessés. Le gouvernement Tambroni démissionnera le 19 juillet.

me (1942) et du Trésor (1939) sont autant de legs de l'ère fasciste. Sur le plan des mentalités et des coutumes, dont l'évolution est lente, il est encore difficile de dresser un bilan. Mais en érigeant en système de gouvernement certains des maux dont souffrait déjà l'Italie préfasciste, Mussolini a contribué à les aggraver : autoritarisme, conformisme et corruption sont en effet parmi les traits les plus marquants de l'ère fasciste.

Le fascisme et l'histoire

Si les années du fascisme triomphant ont vu se multiplier les interprétations et les définitions sur le sujet — dans les domaines politique, philosophique, sociologique, psychologique, littéraire, etc. — avec leur inévitable cortège d'approximations réductrices, les études

historiques qui ont véritablement contribué à en préciser les traits essentiels ont été beaucoup plus rares et, surtout, plus tardives. L'un des premiers livres à synthétiser les fondements idéologiques du fascisme est *Nazionalfascismo* (1923), dû au libéral Luigi Salvatorelli. A la fin des années vingt, Gaetano Salvemini, antifasciste exilé aux Etats-Unis, donne ses fameux cours sur *L'Italie de 1919 à 1929* à l'université de Harvard, dans lesquels il établit durablement quelques-uns des éléments caractéristiques de l'ascension politique de Mussolini. A l'inverse, la narration historique de Benedetto Croce ne donne du fascisme qu'un éclairage implicite et indirect : publiée en 1927, son *Histoire de l'Italie de 1871 à 1915* s'attache à réévaluer le libéralisme

Giorgio Almirante au siège de la rédaction du Secolo d'Italia, *organe du MSI.*

de la période précédente. Croce éprouve une répulsion telle pour le mouvement fondé par Mussolini qu'il rejette l'idée même d'en faire l'histoire.

Parmi les rares intellectuels fascistes qui ont apporté une contribution autre que propagandiste, citons l'historien Gioacchino Volpe et sa courte *Histoire du mouvement fasciste* (1932). Mais c'est surtout dans les cercles de l'émigration antifasciste qu'ont vu le jour les travaux les plus importants, comme *Under the Axe of fascism* (1935) de Salvemini et *Naissance du fascisme* (1938) de l'ex-communiste Angelo Tasca. Bien que l'historiographie italienne ait à l'évidence profité du nouveau contexte de l'après-guerre, les années cinquante n'ont pas produit beaucoup de travaux significatifs, à l'exception de deux *Histoire du fascisme*, la première de Luigi Salvatorelli et Giovanni Mira (1952), la seconde de Giampiero Carocci (1959). En fait, il faut attendre les années 1965-1967 pour que l'étude de sources et de documents originaux renouvelle la recherche historique, avec la publication des travaux d'Alberto Aquarone, Renzo De Felice, Enzo Santarelli, Roberto Vivarelli. A partir de ce moment-là, les connaissances historiques se sont considérablement enrichies et ont permis d'abandonner le terrain des définitions, des interprétations et des controverses qui avaient jusqu'alors oppo-

Le hall de la Banca dell'Agricoltura à Milan après l'explosion d'une bombe qui a fait seize morts et une centaine de blessés le 12 décembre 1969. Cet attentat fait partie des pages sombres de l'après-guerre, durant lesquelles l'extrême droite italienne a mené plusieurs entreprises de déstabilisation de l'Etat.

sé entre eux les historiens "classiques" de tradition antifasciste — libéraux, démocrates, marxistes, socialistes, radicaux. S'est alors développée une recherche tous azimuts, qui a mis en lumière quantité de documents fascistes, grâce à l'accès aux archives publiques et privées (pas toutes...).

Cet essor de la recherche historique a permis d'affiner les synthèses et l'approche méthodologique du fascisme, que ce soit dans les domaines de la politique extérieure, économique, militaire, sociale, culturelle, religieuse, syndicale ou sportive. On connaît non seulement mieux l'idéologie du régime, mais aussi la réalité des faits derrière le masque de la propagande, les discours officiels et la vie privée. Au renouvellement des études biographiques sur Mussolini et sur les principaux hiérarques du régime se sont ajoutées les premières enquêtes concernant les cadres intermédiaires du parti et de l'administration, les fonctionnaires et les employés. Un grand nombre d'études régionales ont également permis d'évaluer l'enracinement du fascisme et la vitalité des traditions politiques locales contre l'Etat centralisateur.

Le consensus et l'adhésion des masses au régime, le rôle des classes moyennes et des populations ouvrière et paysanne, la composition politique et sociale d'un régime dictatorial de type nouveau : autant de thèmes neufs qui ont suscité des polémiques dans les années soixante-dix et quatre-vingt, sans toutefois freiner l'avancée de la recherche. Une recherche qui tente de restituer le fascisme dans le contexte de l'histoire italienne, de cerner sa complexité et son originalité irréductibles, vis-à-vis d'autres formes de totalitarisme, comme le national-socialisme allemand. Ainsi se distinguent une histoire du fascisme et une histoire de l'Italie durant le fascisme, qui se superposent sans jamais s'identifier totalement.

Les ouvrages parus à ce jour sur le fascisme sont innombrables. Ne sont mentionnés ici que quelques-uns des livres les plus importants et les plus aisément accessibles, ces derniers contenant eux-mêmes d'abondants renvois bibliographiques :

— Aquarone Alberto, *L'organizzazione dello Stato totalitario*, Einaudi, Turin, 1965.

— Candeloro Giorgio, *Storia dell'Italia moderna*, vol. IX (1922-1939) et vol. X (1939-1945), Feltrinelli, Milan, 1981-1984.

— Carocci Giampiero, *Storia del fascismo*, Garzanti, Milan, 1972.

— Casucci Costanzo, *Il fascismo, Antologia di scritti critici*, Il Mulino, Bologne, 1982.

— Collotti Enzo, *Fascismo, fascismi*, Sansoni, Florence, 1989.

— Corni Gustavo, *Fascismo e fascismi*, Editori Riuniti, Rome, 1989.

— *Cultura e società negli anni del fascismo*, Cordani, Milan, 1987.

— De Felice Renzo, *Comprendre le fascisme*, Seghers, Paris, 1975.

— De Felice Renzo, *Le Fascisme, un totalitarisme à l'italienne ?*, Presses de la FNSP, Paris,1988.

— De Felice Renzo, *Mussolini*, 4 vol. (7 t.), Einaudi, Turin, 1965-1990.

— De Grand Alexander, *Breve storia del fascismo*, Laterza, Rome-Bari, 1983.

— Gentile Emilio, *Storia del partito fascista 1919-1922. Movimento e milizia*, Laterza, Rome-Bari, 1989.

— Jacobelli Jader, *Il fascismo e gli storici oggi*, Laterza, Rome-Bari, 1988.

— Lyttelton Adrian, *La conquista del potere. Il fascismo dal 1919 al 1929*, Laterza, Rome-Bari, 1974.

— Milza Pierre, "Penser le fascisme", in *Penser le XXe siècle*, sous la direction d'André Versaille, Complexe, Bruxelles, 1990.

— Milza Pierre, Bernstein, Serge, *Le Fascisme italien, 1919-1945*, Points-Seuil, Paris, 1980.

— Nolte Ernst, *Les Mouvements fascistes. L'Europe de 1919 à 1945*, Calmann-Lévy, Paris, 1991.

— Paris Robert, *Les Origines du fascisme*, Questions d'histoire-Flammarion, Paris, 1968.

— Quazza Guido (sous la direction de), *Fascismo e società italiana*, Einaudi, Turin, 1973.

— Quazza G., Collotti E., Legnani M., Palla M., Santomassimo G., *Storiografia e fascismo*, Angeli, Milan, 1985.

— Santarelli Enzo, *Storia del fascismo*, 3 vol., Editori Riuniti, Rome, 1973.

— Tranfaglia Nicola (sous la direction de), *Fascismo e capitalismo*, Feltrinelli, Milan, 1976.

— Vivarelli Roberto, *Storia delle origini del fascismo. L'Italia dalla grande guerra alla marcia su Roma*, 2 vol., Il Mulino, Bologne, 1991.

— Zangrandi Ruggero, *Le Long voyage à travers le fascisme*, Robert Laffont, Paris, 1963.

1919   **23 mars** Fondation à Milan des Faisceaux de combat.

1921   **Mai** Election de 35 députés fascistes, dont Mussolini, à la Chambre des députés ;
Novembre Transformation du mouvement en Parti national fasciste.

1922   **Mai** Le PNF revendique plus de 300 000 membres ;
29 octobre Après la Marche sur Rome, le roi Victor-Emmanuel charge Benito Mussolini de former un gouvernement.

1923   Création du Grand Conseil du Fascisme et de la Milice volontaire pour la Sécurité nationale.
Fusion du PNF et du Parti nationaliste.
Promulgation d'une nouvelle loi électorale.

1924   **Avril** Lors des élections générales, le *Listone* fasciste recueille plus de 60 % des voix.
Enlèvement et assassinat du député socialiste Giacomo Matteotti.

1925   Ratification de la loi sur les nouveaux pouvoirs du chef du gouvernement.
Confindustria et syndicats fascistes signent les accords du *Palazzo Vidoni*.
Création de l'*Opera Nazionale Dopolavoro*.

1926   Train de lois "fascistissimes" : renforcement du pouvoir exécutif au détriment du Parlement, déchéance des députés antifascistes, abolition du principe d'élection des conseils municipaux, abolition de la liberté de la presse et de la liberté d'association politique et syndicale.
Lois de Sûreté publique : constitution d'un Tribunal spécial, réintroduction de la peine de mort.
Fondation de l'*Opera Nazionale Balilla*.

1928   "Constitutionnalisation" du Grand Conseil.

1929   **11 février** Signature des accords du Latran entre l'Etat fasciste et le Vatican.

1932   Réouverture de la campagne d'inscriptions du PNF, lequel compte rapidement plus d'un million de membres.

1934   Premières instructions en vue de la conquête de l'Ethiopie.

1935   **Octobre** Invasion de l'Ethiopie.
Vote à la SDN de sanctions économiques contre l'Italie.

1936   **Mai** Prise d'Addis-Abeba, proclamation de l'Empire italien ;
Juillet soutien à l'insurrection nationaliste du général Franco en Espagne.
Octobre Proclamation de l'Axe Rome-Berlin.

1937   L'Italie quitte la Société des Nations.

1938   Promulgation de lois racistes en Italie.
Accords de Munich, démembrement de la Tchécoslovaquie.

1939   **Avril** Annexion de l'Albanie.
Mai Signature du Pacte d'acier entre Ciano et Ribbentrop.
Septembre Après l'invasion de la Pologne par l'Allemagne, l'Italie proclame sa "non-belligérance".

1940   **10 juin** Déclaration de guerre à la France et à la Grande-Bretagne.
Octobre Offensive contre la Grèce.

1941 Envoi de troupes italiennes contre l'URSS ;
occupation italo-allemande de la Yougoslavie ;
entrée en guerre de l'Allemagne, du Japon et de l'Italie
contre les Etats-Unis ;
défaites militaires italiennes en Afrique ;
premiers bombardements alliés contre des villes italiennes.

1943 **Mars** Grèves ouvrières à Turin et Milan ;
Juillet Débarquement allié en Sicile ;
25 juillet Vote de défiance du Grand Conseil à l'encontre de
Mussolini ; le maréchal Badoglio le remplace à la tête du gouvernement.
8 septembre Signature de l'armistice.
Septembre-octobre Enlèvement de Mussolini par un commando
allemand, occupation par les Allemands de la partie nord
de la péninsule ; proclamation par Mussolini de la République
sociale italienne.

1944 Remontée des forces alliées vers le nord ;
libération de Rome et de la Toscane.

1945 Insurrection générale de la Résistance ;
libération du nord du pays par les armées anglo-américaines
avec le soutien des partisans.
Avril Capture et exécution de Mussolini.

1946 **2 juin** Référendum institutionnel qui consacre la victoire
de la république sur la monarchie.
Décret d'amnistie générale.

1947 **10 février** Traité de Paris mettant fin à la guerre entre l'Italie
et les Alliés.

1948 **1ᵉʳ janvier** Entrée en vigueur de la nouvelle constitution républicaine.

Imprimé en Italie par Giunti Industrie Grafiche S.p.A. — Stabilimento di Prato, mai 1994